동기면담으로 만나는 공감과 의사소통

조성희 감수 | 김희정 · 강경화 · 강호엽 공저

EMPATHY AND
COMMUNICATION THROUGH
MOTIVATIONAL
INTERVIEWING

학지사

머리말

동기면담은 지난 40여 년 동안 다양한 임상현장(예: 중독, 교정, 정신건강 분야, 치료, 예방과 증진을 포함하는 다양한 보건의료 현장 등)에서 적용되어 왔으며, 많은 중재 연구를 통해 그 효과성이 보고되어 온 근거중심 실무로 주목받고 있다. 현재 약 40여 개국, 34개 이상의 언어로 소개되고 있으며, 전 세계 1,600명 이상의 동기면담 훈련가(Motivational Interviewing Network of Trainers: MINT)를 배출하였다. 한국도 한국동기면담협회(Korea Association of Motivational Interviewing: KAMI)를 필두로 하여 동기면담 훈련가와 전문가들이 다양한 현장에서 동기면담을 소개하는 데 힘쓰고 있으며, 동기면담의 중요성과 필요성에 대한 인식은 점점 확산되고 있다.

그동안 국내에서 동기면담은 Miller와 Rollnick의 주요 저서들과 여러 전문가의 저술 그리고 여러 학술논문을 중심으로 소개되어 왔다. 최근에는 국내에서도 다양한 현장, 다양한 대상에게 교육과 훈련이 전개되면서 동기면담을 배우고 체계적인 훈련을 안내하는 책들이 출간되고 있다.

이 책은 이와 같이 폭풍처럼 성장해 가는 동기면담의 발전 속에서 동기면담을 처음 접하는 독자들은 물론이고, 동기면담의 현장적용이 절실한 정신건강 실무자들에게 도움이 되길 기대하는 마음으로 준비하였다. 이 책을 통해 동기면담의 정신과 핵심기술, 주요 개념을 보다 쉽게 알아 갈 수 있기를 기대한다. 제1장부터 제4장에서는 동기면담이 제시하는 공감의 중요성과 내담자 중심 의사소통 스타일을 알아 가기 위한 핵심 요소들을 안내하려고 하였다. 제5장 이후인 후반부는 현장의 사례를 중심으로 정신건강문제에 대응할수 있는 동기면담 기반 의사소통 전략을 담았다. 특히 정신질환으로 인해 합리적 의사결정이 어려운 내담자의 존엄성을 존중하는 전략들을 제시하여 인간중심의 가치를 반영하는 예들을 담기 위해 노력하였다.

처음 동기면담을 접했던 날이 떠오른다. 변화가 필요한 누군가에게 동기면담을 활용할 수 있다면 자신의 행동을 변화시키지 않을 사람은 없을 것만 같았다. 가슴이 벅찼고 전율도 느꼈다. 상대의 말 한마디 한마디를 마음을 다해 경청하고 진심을 담아 공감하며 그들이 새로운 관점을 갖도록 돕고 싶었다. 그러나 기대와는 달리 동기면담은 손에 잡힐 듯 하면서도 잡히지 않아 막막했고 다시해 볼 수 있을 것 같으면서도 자신감이 사라지는 순간들이 오랜 시간 반복되었다.

그런 가운데 "내담자에게서 배우라."는 Miller 박사님의 말씀은 동기면담을 삶 속에 적용하도록 이끌었고, 변화에 대한 요구가 있는 분들을 돕고 나누는 삶에 대해서도 많은 생각을 하게 이끌었다.

머리로는 동기면담의 정신과 기술을 떠올리고 '이렇게 말하면 되겠지.' 하며 시도했지만 정확하고 깊이 있는 반영의 실패에 대한 염려와 두려움에 입을 열 수 없었던 적도 많았다. 무수한 시행착오가 있었고 지금도 노력 중이다.

이 책을 마주한 여러분은 이제 동기면담을 통해 공감과 의사소통을 만날 준비가 되었다고 생각한다. 아무쪼록 이 책이 길잡이가 되어 동기면담으로의 여정을 떠날 여러분에게 우리가 경험했던 막막함을 조금이나마 해소할 수 있는 도움이 되기를 바란다.

2023년 6월

저자 김희정, 강경화, 강호엽

차례

제1장
동기면담의 이해

1. 동기면담의 정의

사람들은 일상에서 늘 크고 작은 의사결정을 해야 하며, 어느 쪽이든 선택하고 결정하기 위해 고민하게 된다. 개인이 선택을 고민한다는 것은 무언가 변화의 요구가 있음을 인식한다는 것을 의미한다. 이러한 변화 요구는 가벼운 일상의 일에서뿐만 아니라 전문적인 도움을 필요로 하는 건강과 질병의 문제 상황에서는 큰 도전이 될 수 있다.

개인이 변화의 길목에 섰다고 인식한다면 왜 변화해야 하는지 이유를 찾게 되는데, 이유를 충분히 알고 필요성과 중요성이 확실하다는 판단이 선다면 변화하는 쪽을 선택하고 행동으로 옮길 확률이 높아진다. 아울러 변화할 수 있다는 자신감 역시 크다면 성공적으로 변화를 이루어 낼 확률이 높아진다. 따라서 행동 실천을 위

해 변화하고자 하는 이유, 즉 동기를 찾는 일은 참 중요한 과정이
다. 동기면담은 개인이 변화의 요구 앞에서 흔히 경험하는 동기를
찾는 문제에 직면할 때, 그 찾는 과정을 스스로의 힘으로 헤쳐 나갈
수 있도록 어떻게 도울 수 있을지 방법을 제시해 준다.

변화에 대한 대화에 접근하는 방법으로서 동기면담은 1983년
Miller에 의해 처음 소개되었다. 동기면담은 변화에 대한 대화, 즉
내담자의 언어에 담긴 변화와 관련된 표현들(예: 바람, 이유, 능력,
필요성 등)에 관심을 둔다. 면담자는 동기가 담긴 내담자의 언어 표
현을 중심으로 하여 내담자가 내면의 동기를 보다 분명히 찾는 동
시에 그의 강점과 자원을 찾도록 안내하면서 결국 개인이 변화의
방향을 선택하고, 결단을 견고히 하며 변화로 나아가는 여정을 돕
는다.

동기면담(Motivational Interviewing: MI)의 정의는 지난 40여 년
간의 동기면담의 효과성 연구와 동기면담 전달에 대한 진행 연
구 등을 통해 구체화되어 왔다. 2013년에 출간된 『동기면담 3판
(Motivational Interviewing: Helping People Change, 3rd ed.)』에 따르
면, 동기면담은 내담자의 동기가 담긴 변화대화에 특별한 주의를
기울이는 협력적이고 목표 지향적인 의사소통 스타일로 내담자에
게 수용과 연민이 전달되는 분위기 속에서 변화에 대한 이유를 내
담자가 스스로 이끌어 내고 탐색함으로써 특정 목표에 대한 개인
적 동기와 결단을 강화하는 것을 조력하기 위해 고안되었다(Miller
& Rollnick, 2013, p. 29). 즉, 동기면담은 "내담자가 스스로 자신의
동기와 변화로의 결단을 견고히 하도록 돕는 협동적인 대화 스타
일"(Miller & Rollick, 2013)로 정의할 수 있으며, 중요한 개념들로는

내담자의 양가감정, 변화대화, 내적 동기 및 자율성 지지와 특정 목표에 대한 방향성, 협력적 관계 등이 있다.

동기면담은 Carl Rogers의 내담자 중심 상담을 기반으로 하여 변화에 대한 대화에 접근하는 방법과 네 가지 정신(수용, 협동, 유발, 연민)을 제시하는데, 최근에는 유발 개념에 대한 보다 확장된 이해를 다룬 논의가 이루어지고 있다. 즉, 동기면담이 내담자에게 부족한 것을 제공해 주는 것이 아니라 이미 내담자가 가지고 있는 그들만의 강점과 동기, 자원이 무엇인지 깨달아 사용할 수 있도록 돕고, 이러한 일련의 과정에서 스스로 선택할 자유와 자율성을 인정하고 지지하는 것으로서, 결과적으로 내담자는 변화목표 달성을 향해 나아갈 뿐 아니라 변화 주체로서 기능할 역량을 갖추어 나간다는 데 더 주목하고 있다. 이에 동기면담의 네 가지 정신 중 유발(evoking)보다는 내담자의 역량증진(empowerment)이라는 보다 확장된 개념으로 이해하는 것이 더 타당하다는 데에 대한 공감대가 형성되고 있으며, 동기면담 정신의 유발을 역량증진으로 확장 및 전환하는 논의가 이루어지고 있다(Miller, 2021).

동기면담의 정의

기본 정의

동기면담은 내담자가 스스로 자신의 변화동기를 찾고 변화로의 결단을 견고히 하도록 돕는 협동적인 대화 스타일이다(Miller & Rollick, 2013).

기술적 정의

동기면담은 내담자의 동기가 담긴 변화대화에 특별한 주의를 기울이는 협력적이고 목표 지향적인 의사소통 스타일로, 내담자에게 수용과 연민이 전달되는

분위기 속에서 변화에 대한 이유를 내담자가 스스로 이끌어 내고 탐색함으로써
특정 목표에 대한 개인적 동기와 결단을 강화하는 것을 조력하기 위해 고안되
었다(Miller & Rollick, 2013).

2. 동기면담의 발전과정

동기면담은 1983년 Miller가 자신이 경험한 임상적 접근을 정리
해 발표한 논문인「문제음주자와 함께하는 동기면담(Motivational
Interviewing with problem drinkers)」을 통해 소개되었다.

이 논문에서 Miller는 상담가들의 전통적 개입 방식에서 종종 관
찰되던 내담자에 대한 지시적이고 권위적인 태도가 치료 효과성
을 저해하며, 내담자의 동기, 강점, 변화 욕구, 인내와 통찰 등이 치
료과정에서 인정받지 못해 왔다는 점을 주목하였다. 따라서 면담
자로서 내담자의 내면에 존재하는 변화(doing)하려는 마음과 회피
(avoiding)하고자 하는 마음 사이의 갈등을 이해하고, 이를 조심스
럽게 긍정적인 변화의 측면으로 옮겨 가도록 돕는 것이 매우 중요
하다고 강조하였다.

Miller는 이 논문에서 내담자의 갈등을 조심스럽게 돕기 위한 네
가지 원칙과 다양한 전략을 소개하였다. 논문이 발표된 이후 동기
면담은 유럽을 위시한 여러 국가에서 관심을 갖고 다양한 임상현
장에 적용되기 시작했다. 이후 동기면담의 효과성을 검증하는 다
양한 대규모 무작위 임상 연구가 이루어졌으며, 행동 변화에 영향
을 미치는 기본 메커니즘을 이해하기 위해 동기면담의 내부를 정

밀하게 살펴보는 방향으로 발전이 이루어져 왔다. 특히 행동 변화에서 양가감정의 중요성을 조명한 Rollnick의 기여가 더해졌으며, 이러한 노력들은 저술로 이어져 1991년 1판, 2002년 2판, 2013년 3판의 개정 증보를 거치면서 동기면담을 보다 체계적이고 정교하게 발전시켜 왔다. 현재 동기면담은 미국과 호주 등 전 세계로 확산되었으며, 61개 언어를 사용하는 3,000명 이상의 동기면담 훈련가가 배출되었다.

　동기면담은 기본적으로 면담자가 아닌 내담자가 변화에 대한 주장을 하도록 하는 것이며, 이런 과정에서 면담자는 내담자의 양가적인 마음을 읽고, 이에 대해 공감적으로 반응하는 것이 핵심이다. 이러한 개념적 접근은 기존의 다양한 심리학적 이론에서 연관성을 찾아볼 수 있다. 변화를 촉진하는 데 "필요하고 충분한" 대인관계 조건(내담자 중심, 정확한 공감, 수용, 지지적 관계형성)의 중요성을 근간으로 하는 인간중심이론(Rogers, 1986), 변화대화의 중요성을 뒷받침하는 이론으로 자신이 주장하는 말을 듣는 것은 말한 것에 더 몰입하게 하고 변화를 촉진한다는 자기동기화진술, 즉 자기지각이론(Bem, 1967), 바람과 현재의 행동 간의 불일치에 대한 인식이 불일치를 해결하기 위한 방향으로 안내한다는 인지부조화이론(Festinger, 1962) 등이 대표적이다. 그 밖에도 변화의 주요 동력인 자신감 및 동기면담의 핵심기술인 인정하기의 중요성과 관련한 자기효능감이론(Bandura, 1977), 자율성 지지하기의 중요성과 관련하여 내적 동기는 자기결정성(자율성)이 가장 높은 동기 유형 중 하나로 행동 변화에 긍정적인 영향을 주므로 자율성을 지지하는 것이 내적 동기를 촉진할 수 있다는 근간을 제공하는 자기결정성이론(Edward Deci & Richard Ryan, 2008), 타인으로부터 일방적으로 자율성을 침해당할 때 인간은 자신의 자율성을 보존하려는 더 큰 반응으로 귀결하게 된다는 심리적 저항이론(Brehm, 1966), 인간은 자신의 유능감에 대한 인식이 클수록 변화에 더 개방적일 수 있으며 따라서 유능감을 강화하도록 돕는 인정하기와 협동 정신이 행동 변화에서 중요하다는 것을 뒷받침하는 자기인정이론(Steele, 1988), 양가감정과 관련된 갈등이론, 내담자의 변화 수준과 변화 단계를 인식할 수 있는 개념적 틀을 제공하는 다이론적변화모델(Prochaska & DiClemente, 1983) 등이 있다.

동기면담의 발전은 지난 30여 년간 연구를 통해서도 알 수 있는데, 대부분 동기면담과 타 치료 유형을 결합한 형태의 중재에서 효과성이 보고되어 왔다. 지금까지 1,700여 개의 임상연구와 160여 편의 메타 분석, 체계적 리뷰 연구가 이루어졌으며, 약물 남용과 식이조절의 효과를 중심으로 하여 중독 분야, 교정 분야, 만성질환 및 응급 의료를 포함한 다양한 임상의료 분야, 건강증진 및 예방 분야, 정신건강 분야 등에서 폭넓게 연구되어 왔다. 그 밖에도 동기면담은 문제에 대한 인식이 없거나 부족한 내담자, 치료 순응도가 낮은 내담자에 대한 초기 개입(예약 시간 준수와 프로그램 출석 등), 부모 교육현장 등에서도 의미 있는 성과를 보였으며, 1~2회기의 독립적 단기개입으로도 효과가 있음이 입증되었다. 연구 결과에서는 다양한 임상 시도와 현장 그리고 어떤 면담자가 동기면담을 적용했는지 등에 따라 성과에 있어 다소의 편차가 있음이 보고되기도 했지만 다양한 대상과 다양한 전문 분야에 걸친 동기면담의 효과성은 긍정적으로 받아들여지고 있으며, 이러한 성과들을 기반으로 동기면담은 현재 근거기반실무(Evidence Based Practice: EBP)로 인정받고 있다.

　동기면담은 동기면담 훈련과 동기면담 진행에 대한 연구를 통해서도 많은 발전을 이루어 왔다. 동기면담의 효과적인 훈련을 위해 다양한 훈련방법(예: 강의, 예문연습, 시연, 역할극, Real play 등)이 연구되었으며, 무엇보다도 훈련과정에서 실제적인 피드백과 코칭을 제공하는 것이 훈련의 효과를 이끌어 내는 데 중요한 요소임이 보고되었다. 또한 동기면담 진행의 측면에서는 동기면담이 전문가에 의해 실제로 충실하게 전달이 되는지에 초점을 둔 연구도 많은 진보를 이루어 왔으며, 동기면담 전달 세션의 진행을 평가하기 위한 기록 및 평가를 위한 다양한 코딩 체계가 개발되어 왔다. 동기면담 평가와 코딩에 대한 자료는 MINT 홈페이지에서 확인할 수 있다. 가장 최근에 마련된 동기면담 진행 평가의 정확도와 신뢰도가 잘 확보된 도구로는 「동기면담 치료효과 보존 검증 코딩 매뉴얼 4.2.1(Motivational Interviewing Treatment Integrity Coding Manual 4.2.1; Moyers, Martin, Manuel, Milller, & Ernst, 2015)」, MISC 등이 있다.

　다양한 임상 시도와 연구를 통해 동기면담의 과정과 정신 등 동기면담의 기본 메커니즘과 내부 요인에 대한 설명이 체계화됨에 따라 주요 개념들이 소개되었다. 변함없이 강조되어 온 개념은 동기면담 정신으로, 동기면담의 전 과정 속에서 일관된 토대가 된다. 동기면담이 무엇인지 보다 구체적으로 알기 위한 주요 개념들은 다음과 같다.

3. 동기면담의 주요 개념

1) 양가감정

양가감정(ambivalence)은 개인이 어떤 것에 대해 "공존하지만 서로 상충되는 감정과 생각, 행동을 갖고 있는 마음의 상태"를 말한다. 즉, "나는 하지만 동시에 하지 않는다(I do but I don't) 딜레마"로 변화를 필요로 하는 상황에서 앞으로 나아가지 못하고 묶여 있는 상태를 말한다. 변화를 필요로 하는 상황에서 이러한 양가감정은 대부분의 사람이 경험하는 보편적인 현상이다.

변화가 요구되는 상황이지만 변화 쪽으로 움직이지 못하고 있는 사람 중 변화해야 하는 이유를 전혀 인식하지 못하고 있는 경우도 있다. 이 경우 만일 그가 양가감정을 갖게 된다면, 그 자체가 변화의 출발점(인식)에 온 것이다. 변화의 요구 앞에 놓여 있는 사람들은 대부분 변화해야 하는 이유를 잘 알고 있고 변화를 원하지만 여러 다른 이유 때문에 변화하지 못하고 있는 것이며, 이것이 바로 양가감정, 즉 상반된 생각을 동시에 느끼는 마음 상태인 것이다.

상반된 두 마음은 서로 양립할 수 없는데, 말속에서 두 개의 언어유형으로 관찰할 수 있다. 하나는 변화대화로 본인이 원하는 바에 대한 진술이며, 다른 유형은 유지대화로 현재 상태를 유지하기 위한 변화하지 않는 근거와 이유에 대한 자기주장이다. 이때 딜레마의 양쪽에서 불일치감(discrepancy)이 발전할 수 있다. 불일치감이란 내담자의 바람이나 중요하게 생각하는 가치가 현재의 행동과 서로 일치하지 않음을 인식하는 것이다. 내면의 바람과 중요한 가치들은 현재의 자신의 선택에 영향을 주는데, 만일 바람과 가치가 현재의 행동과 일치하지 않는다면 불일치감이 형성된다.

내담자의 변화를 돕기 위해 양가감정을 명확히 하는 것은 동기면담의 핵심 요소 중 하나다. 내담자 안에 어떤 상충되는 두 마음이 존재하는지 스스로 인식하고 탐색하도록 돕고, 바라는 것과 현실 사이의 불일치를 인식하도록 돕는 것이 중요하다. 불일치감이 점점 커지고 변화의 **중요성**에 대한 내담자의 인식이 충분해진다면 변화 가능성은 증가한다.

내담자가 변화로 옮겨가는 데 영향을 주는 또 다른 요인은 내담자가 얼마나 변화에 대해 자신 있어 하는가다. **효능감**(efficacy)은 개인이 자신은 할 수 있다고 믿는 것으로, 내담자가 변화에 대해 얼마나 중요하게 생각하는가와 함께 변화의 가능성을 결정하는 중요한 요소다. 면담자는 내담자의 변화의 중요성에 대한 인식뿐 아니라 내담자가 **자신감**을 갖도록 도와야 한다.

내담자가 불일치감이 충분한 가운데 지금 자신이 어디에 와 있고 어디로 가기를 원하는지 알도록 도울 수 있다면, 그들의 생각이 소위 방어적(부정, 합리화, 투사 등)이지 않도록 도울 수 있다면, 내담자의 변화 가능성은 더욱 높아진다.

내담자가 성공적으로 변화의 방향으로 나아가기 위해서는 변화하는 것이 중요하다는 것을 믿어야 하며, 변화할 수 있다는 자신감이 있어야 하고, 변화목표를 향해 행동하는 데 전념할 수 있어야 한다. 동기면담은 이러한 과정에 필요한 네 가지 정신과 핵심기술을 제시한다.

2) 변화대화와 유지대화

"변화대화는 변화를 찬성하는 표현이다."

-Miller & Rollnick-

"사람은 자기 말로 표현한 후 자기가 말한 것에 더욱 몰입하는 경향이 있다."

-Bem-

동기면담은 변화목표를 향한 방향성에 초점을 둔다는 점에서 내담자 중심 상담과 다르다. 동기면담이 방향성(directionality)을 갖는다는 것의 핵심은 변화대화에 반응하는 것인데, 이는 면담자가 대화 주제의 초점이 무엇인지 분명하게 알고 있어야 한다는 것을 의미한다.

(1) 변화대화

내담자가 변화를 얼마나 중요하게 인식하고 있으며, 변화에 대해 얼마나 자신감을 갖고 변화의 방향으로 움직이고 있는지 알아채는 것은 매우 중요하다.

변화대화(change talk)란 변화를 찬성하는 표현으로 내담자가 변화를 향해서 움직여 나아가는 것에 대해 말하는 것이다. 사람들의 말속에는 이러한 행동 실행을 예측할 수 있는 신호들이 담겨 있다(Paul Amrhein, 2004). 이러한 신호를 알아채는 방법을 안다면, 상대의 행동 실천에 대한 의지와 동기 수준을 읽을 수 있다.

언어학자들은 사람들의 말속에 동기를 예측할 수 있는 다양한 언어가 혼합되어 있다고 하였다. 이는 소위 예비적 변화대화와 활동적 변화대화로 구분할 수 있다.

예비적 변화대화란 행동 실천과 관련하여 아직은 실행을 위한 준비 수준의 표현이다. 크게 네 종류의 언어로 구분되는데, 바람(Desire), 능력(Ability), 이유(Reason), 필요(Need)로 명명하며, 이를 DARN이라 한다.

바람은 "나는 금연하고 싶어요."와 같이 변화를 원한다는 표현이다. 그러나 사람들은 원하지 않아도 행동을 하는 경우도 있다는 점을 볼 때 행동으로 이어지기에는 아직 약하다.

능력은 "나는 할 수 있어." "할 수는 있는데……."와 같이 자신이 지각하는 자신의 능력에 대한 표현이다. 만약 자신이 그것을 해낼 능력이 없고, 불가능하다고 생각한다면 거의 행동하지 않을 것이라 예측할 수 있으며, 능력 대화는 변화가 가능할 것이라고 생각할 때 나타나게 된다. 그러나 능력이 있다고 생각하는 사람들도 행동하지 않는 경우는 여전히 있다.

이유는 변화해야 하는 이유를 구체적으로 말하는 것이다. "(만약 금연한다면) 틀림없이 나의 건강 문제에 도움이 될 거야."와 같은 표현이다. 그런데 이 진술에는 그 사람이 그걸 정말로 바란다거나, 그렇게 할 수 있다는 의미는 담겨 있지는 않다. 즉, 바람이나 능력에 대한 표현이 담겨 있지 않으므로 변화를 이루어 낼 가능성이 아직 불명확하다.

필요는 변화의 중요성, 즉 변화는 중요하다는 의미를 담은 표현들이다. 즉, "~할 필요가 있어요." "~해야만 해요." "현 상태로는 더 이상 버틸 수 없어요." 등이 그 예다. 이러한 표현에는 변화의 절실함이 담겨 있지만, 역시 바람과 능력, 구체적인 이유 등이 빠져 있어서 아직은 행동을 실천하겠다는 의지를 강하게 내포하지 않는다.

활동적 변화대화란 행동 실천과 관련하여 결심이 담겨 있는 언어 표현으로, 세 종류의 언어로 구분된다. 변화로의 결단(Commitment), 활성화(Activation), 행동 실천(Taking steps)으로 명명하며, 이를 CAT라 한다.

결단 언어는 "~할 거예요." "~하려고 합니다." "~하겠습니다." 와 같은 일종의 약속의 의미를 담은 표현이다. 따라서 결단 언어에는 행동을 할 것이라는 신호가 담겨있으며 "약속합니다." "맹세합니다."와 같은 강한 약속의 의미를 담은 표현도 있다.

활성화 언어는 행동하겠다는 약속보다는 행동을 할 방향으로 마음이 기울어지고 있음을 나타내는 신호를 담고 있다. 예를 들어, "기꺼이 ~하려고 합니다." "~하기로 약속 할게요." "장담해요. ~할 겁니다."와 같은 표현들이다. 즉, 곧 결단할 거라는 의미를 내포하고 있으므로 상대에게 언제 할 것인지, 어떻게 할 것인지, 구체적인 다음 단계의 계획은 무엇인지 자연스럽게 물을 수 있다.

행동 실천 언어는 이미 변화를 위해 무언가를 시작했음을 표현하는 언어다. 가장 분명한 변화대화 형태로, 구체적으로 실천한 행동을 가리키는 표현이다. 예를 들어, "지난주에는 식사할 때 먹은 고기의 양을 반으로 줄였어요." "예약한 PT 시간에 늦지 않게 갔어요." "지난주부터 엘리베이터를 타지 않았어요." 등이다.

DARN과 CAT는 많은 언어 표현 중 변화를 향한 움직임을 나타내는 표현들로 내담자의 변화동기 수준을 알아챌 수 있는 언어들이다.

　내담자에게 변화의 중요성에 대한 인식과 의지가 강하고, 자신감이 잘 갖추어졌다면 변화를 일으키기에 충분하다고 생각할 수 있다. 그럼에도 한 가지 유념할 것은 내담자에게 상대적 우선순위가 있을 수 있다는 점인데, 내담자는 변화목표에 대해 "저도 그렇게 하길 바랍니다. 그러나 지금은 아니에요."라고 말할 수 있다는 점이다. 따라서 내담자가 변화대화를 말하고 변화목표에 다다르는 것이 궁극적인 목표이지만 그전에 더욱 중요한 것은 목표행동에 대한 대화의 장에 내담자가 자발적으로 참여하고 변화의 여정을 함께할 수 있게 되는 것이다.

(2) 유지대화와 불화

　변화의 여정에 내담자가 자발적으로 참여하지 않는다면, 즉 내담자가 변화를 부정하고 거부하며 현재에 머무르려 한다면, 어떻게 해야 할까? 이러한 내담자의 행동은 '변화를 원하지만 동시에 원하지 않는' 양가감정의 한 측면에서 면밀하게 살피고 이해해야 한다.

　유지대화(sustain talk)란 변화보다는 '현재의 상태를 유지하려는 내담자의 동기가 담긴 언어표현'이다. 양가감정으로 혼란을 경험하고 있는 사람의 언어에는 두 마음의 언어, 즉 변화대화와 유지대화가 공존한다. 유지대화는 동기면담 초기에 저항이라는 개념 안에서 이해하였는데, Moyer는 저항의 개념이 내담자를 문제아로 취급하고 비난하는 의미를 내포하고 있음을 주목하면서, 양가감정

중에서 현상유지를 지지하는 쪽으로의 언어를 마치 뭔가 문제가 있는 표현처럼 취급하는 것은 문제가 있음을 지적하였다. 또한 저항이라고 개념화했던 언어들 중에는 '어긋난 관계'라고 설명할 수 있는 관계적 측면에서의 상호 간의 불협화음(dissonance)이 내재되어 있음을 발견하였고 이를 **불화**(discordance)로 명명하였다.

① 유지대화: 역 변화대화

유지대화란 변화보다는 '현재의 상태를 유지하려는 내담자의 동기가 담긴 언어표현'으로 내담자에게 병리적인 문제가 있다거나 대립하려는 의도가 있는 것이 아님을 이해해야 한다.

유지대화의 언어 형태는 그동안 '저항'의 개념 안에서 이해되어 왔다. 저항(resistance)이란 상호 협동이 부족한 관계 맥락에서 관계에 대한 어떤 힘 또는 압박이 존재할 때 나타나는 내담자의 행동, 태도, 감정들을 묘사하는 단어로, 내담자의 어떤 성격적 특질도 아니며 도움을 청하는 사람에게서 나타나는 고정된 현상도 아니다. 즉, 저항은 면담자와 내담자 사이에 나타나는 불편함으로, 둘 간의 충돌, 의견의 불일치와 같은 특성들이 내포되어 있는 '관계의 균열'로 설명할 수 있으며, 구체적으로는 '상호 협동의 부족'으로 이해하는 것이 적합하다.

면담자가 저항이라는 단어를 사용한다면, 내담자를 비난하거나 내담자가 무언가 잘못된 행동을 하고 있다는 의미를 전달할 가능성이 커진다. 따라서 내담자가 불편함을 느끼게 되고 그 불편함을 해소하기 위해 내담자가 더욱더 방어적이 되는 저항의 악순환을 초래할 수 있다.

소위 "저항하는 내담자"라고 명명한 내담자를 자세히 살펴보면, 변화하고 싶지 않은 이유를 말하고 있는 것을 알 수 있는데(유지대화), 이는 곧 양가감정 형성의 이유가 된다. 즉, 저항은 "양가감정의 표현"으로 설명할 수 있으므로 유지대화를 변화과정상에 나타날 수 있는 자연스러운 과정으로 바라보고 긍정적인 관점에서 도움을 줄 수 있어야 한다.

저항하는 행동의 예로는 논쟁하기, 방해하기, 부정하기, 무시하기, 모욕 주기, 약속을 잊거나 지각하기, 목표와 상관없는 이야기를 하거나 말을 하지 않는 등의 행동들이 포함된다. 반면에 유지대화는 내담자가 '왜 그가 변화할 수 없는지' '변화에 노력을 쏟는 것이 왜 의미가 없으며, 그 변화가 옳다고 주장하는 것이 왜 가치가 없는지'에 대해 초점을 두는 표현들이다.

유지대화 역시 변화대화(DARN, CAT) 언어 범주를 기반으로, 변화가 아닌 현상을 유지하려는 정반대의 표현으로 사용될 수 있다. 유지대화의 구체적인 예는 다음과 같다.

- 바람: "나는 담배가 정말 좋아요." "운동에 시간을 투자하고 싶지 않아요." "술은 최고의 스트레스 완화제에요."
- 능력: "솔직히 술은 끊지 못할 것 같아요." "별짓을 다 해 봤지만 담배는 못 끊을 것 같아요."
- 이유: "술은 힘들 때 에너지를 채워 줍니다." "담배를 끊는다고 해도 좋아지는 게 없는걸요."
- 필요: "저는 술이 없으면 하루도 못 견딥니다." "술을 끊을 필요까지는 없어요."

- 결단: "술은 어느 정도 계속 마실 겁니다." "금연 노력은 저도 할 만큼 했어요. 더 하지 않을 겁니다."
- 활성화: "더 이상 회사원으로 노예처럼 살지 않을 겁니다." "아직은 담배를 끊는다는 생각을 할 수는 없어요."
- 행동 실천: "회사를 그만두었어요." "다시 담배를 피웁니다."

최근 연구는 내담자의 말속에 포함된 유지대화와 변화대화의 비율이 변화 가능성과 관련성이 있음을 보고하였다. 즉, 유지대화가 변화대화보다 많을수록 변화하지 않을 확률이 커지며, 변화대화가 많을수록 변화로 나아갈 희망적인 기대를 가져 볼 수 있다는 것이다. 이때 중요한 것은 역시 면담자의 접근 방식으로, 이는 내담자가 변화목표를 향해 움직여 가는 데 강력한 영향을 준다.

동기면담은 내담자의 내면에 자리 잡은 양가감정을 명확히 하고 유지대화를 완화하면서 변화대화를 이끌어 내어 변화동기를 견고히 해 나가기 위한 협력적이고, 내담자 중심적인 방법들을 제공한다.

② 불화: 관계의 불협화음

"불협화음이란 의사소통이 원활하게 이루어지지 않거나 주장이 엇갈려 서로 융합되지 못하는 상태를 말한다."

유지대화는 양가감정의 다른 이면을 표현한 것이며, 대인관계에 관한 것이 아니다. 그런데 만일 면담이 무언가 잘못되어 가고 있다면, 유지대화는 대인관계 문제인 불화로 이동될 수 있다. 저항은 '압박받는 양가감정' 상태로도 불려 왔는데, 만일 상대가 압박을 받는다는 갈등이 일기 시작했다면 이는 상호관계에 협동이 부재함을 의미한다. 현상적으로 보면 둘 간에 논쟁하고, 반대하며, 마찰이 일고, 사안을 축소(예: 나는 문제없다)하는 등의 모습으로 대화가 오고 간다. 이러한 내담자의 분투 현상은 결국 변화로부터 멀어지는 결과를 가져올 확률을 높인다.

불화는 부정적 감정표현(High Expressed Emotion: HEE) 개념과 관련이 있는데, HEE는 화 또는 분노와 같은 부정적 감정을 그대로 전달하는 것을 말한다. 연구에 따르면, 상호관계에서 화(anger)와 같은 부정적 감정표현은 상호작용 결과에 부정적인 영향을 주며, 자기 방어적 행동을 유발하는 것과 관련이 있다고 보고하였다. 만일 내담자가 '화'를 표출한다면 그 이면에는 면담자로부터 판단받고, 낙인찍히며, 자유를 상실할지 모른다는 두려움과 수치심 그리고 우려가 자리하고 있음을 이해해야 한다. 여기에는 면담자의 교정 반사적 · 판단적 태도가 원인이 될 수 있다. 모든 판단은 일종의 폭력이며 이는 내담자를 방어적으로 만드는 수치심을 유발한다는 것을 기억해야 할 것이다.

따라서 만일 이와 같이 내담자가 면담장면에서 자기 방어를 위해 고군분투하고 협력관계에 균열이 온다면, 면담자는 감정을 공감적으로 반영해 주는 전략을 취해야 한다. 또한 초점을 현 사안보다는 가치의 측면으로 전환하고, 진정성 있게 사과를 해야 한다. 내담자 개인의 선택과 자율성을 강조해 주는 것이 도움이 될 수 있으며, 변화가 아닌 현상유지(status quo)에 발맞추어 준다. 내담자의 중요한 가치와 필요한 요구에 초점을 맞추어 재구조화하는 반영을 하는 것이 도움이 될 수 있다. 중요한 것은 만일 불화가 조성되었다면, 이는 내담자가 아닌 면담자가 무언가 달리 접근해야 한다는 신호임을 알아채야 한다는 점이다.

3) 교정반사

교정반사(righting reflex)란 조력관계에서 내담자가 잘못된 길을 가고 있고 올바르지 않은 선택을 하고 있는 경우 이를 올바르게 수정해 주려는 면담자의 반사적 행동을 말하며, 상대를 가르치고 지시하고 설득하고 직면하는 행동 등이 포함된다.

대부분의 면담자는 문제를 지닌 내담자를 돕는 것을 목적으로 훈련받아 왔으며 이러한 조력의 마음은 본질적으로 이타적인 마음에서 시작된다. 그러나 이타적인 마음도 드러내는 방법이 어떠한지에 따라 그 결과는 의외로 부정적일 수 있다. 불확실성과 양가감정으로 힘들어 하고 있는 내담자의 마음을 이해하지 않고, 면담자가 옳다고 생각하는 한쪽 방향의 논리를 가지고 설득하고, 지적하고, 훈계를 한다면 내담자는 자신의 복잡한 마음과 생각들을 정리할 기회를 잃게 되고 충분히 존중받지 못한다고 느끼면서 심지어 통제받는다는 생각을 하게 될 가능성이 높다.

이처럼 공감받지 못한다고 느낄 때 내담자는 자신의 현재 입장을 이해해 달라며 더 설명을 추가하고 현재의 입장을 주장하려 애쓰게 될 확률이 높아진다. 이런 모습을 보는 면담자는 '내담자가 덜 설득되었구나.' '내담자가 내 의견에 저항한다.'고 여기면서 다시 이러한 행동을 수정하기 위해 제2, 제3의 설득과 설명과 교육을 하려는 교정반사를 반복하게 된다.

　면담자와 내담자가 각기 자신의 주장을 내세우며 팽팽하게 맞서게 될 때 내담자 안에 변화로 옮겨 가는 쪽에 대한 어떤 생각이 있는지 알아볼 기회를 놓치게 된다. 예를 들어, 비만문제가 있는 내담자가 식이조절을 계속 미루고 있을 때, '식이조절을 하지 않으셨군요.' '처방대로 이행하지 않으면 비만으로 인한 이차적인 심장 문제를 해결할 수 없습니다.' '매우 실망스럽군요.' '다시 한번 교육을 받고 가시기 바랍니다.'와 같은 표현은 내담자의 동기를 주춤하게 하며 오히려 방어적이고 거부적인 입장을 고수하게 만들 확률이 높다.

　전문가들은 내담자를 올바르게 안내하기 위해 좋은 지식과 정보를 많이 가지고 있다. 단, 이를 효과적으로 전달하여 내담자를 변화의 길로 들어서게 하는 것이 중요한데, 동기면담적인 접근이 교정반사보다 유용하다. 즉, 선뜻 변화의 길로 움직이지 못하고 있는 내담자는 양가감정으로 인한 불확실성에 놓여 있음을 인정하고, 이러한 어려움에 관심을 보이면서, 변화하는 측면에 대한 내담자의 바람, 우려, 자신감 등을 경청하고 탐색하도록 돕는 것이 효과적이다.

4) 대화의 스타일

　조력관계 맥락에서 조력하는 전문가의 의사소통 스타일을 고려해 볼 때 전문가가 내담자에게 어떻게, 어느 정도로 조력 하느냐에 따른 연속선상의 의사소통 스타일을 정의해 볼 수 있으며 지시하기, 안내하기, 따라가기의 세 가지 스타일이 있다.

(1) 지시하기 스타일

지시하기(directing) 스타일은 주로 면담자가 주도하는 스타일이다. 지시하기 스타일의 경우 면담자는 내담자에게 필요한 지식과 정보, 교육을 전달하는 데 많은 시간을 할애하며 상대적으로 내담자가 말할 기회는 적다.

만일 내담자가 이미 변화의 방향에 대한 초점을 찾은 상태로서 변화의 길을 향해 열심히 나아가려는 동기와 의지가 준비되었다면, 지시하기 스타일이 적절하게 역할을 할 수도 있다. 예를 들면, 병의 원인과 치료과정을 이해한 환자에게 의사가 투약 준수에 대한 정보를 제공할 경우 또는 보호관찰관이 법원의 명령을 전달하면서 준수사항을 전달하는 경우와 같이 일방적인 정보 전달을 해야 하는 경우다.

한 가지 고려할 점은 지시하기 스타일 대화의 기저에는 전반적으로 '전문가인 내가 답을 가지고 있으므로 내가 말한 대로 하면 된다.'라는 의미가 내포되어 있어 자칫 내담자의 생각과 느낌을 무시하고 일방적인 태도로 접근 할 경우, 내담자가 존중받지 못한다고 느낄 수 있으며 내담자를 도우려는 면담자의 의도가 전달되지 않을 수 있다는 점이다.

나아가 면담자가 지시하기 스타일로 너무 성급하게 답을 제시하고, 이행을 강조하면서 이행하지 않을 경우 불이익과 손해가 따를 것이라는 말을 일방적으로 전개해 나간다면 내담자는 겁을 먹거나 위축되고 방어적으로 행동할 가능성이 커진다. 이는 교정반사와 연관된 부분으로 지시하기 스타일에서 주의해야 할 부분이다.

(2) 따라가기 스타일

따라가기(following) 스타일은 지시하기 스타일과 정반대 스타일이다. 큰 특징은 면담자는 경청과 공감으로 상대방을 존중하는 가운데 상대방의 말에 관심을 기울이며 자신의 생각과 의견을 들으라고 주장하지 않는다.

따라가기 스타일로 접근하는 면담자는 내담자의 문제 상황을 내담자가 원하는 방법으로 해결해 가는 데 함께하겠다는 태도로 접근하며, 내담자가 하는 말을 공감적인 자세로 따라가는 훌륭한 경청자 역할을 한다.

따라가기 스타일이 적절한 상황은 내담자의 말을 충분히 경청해 주어야 하는 상황으로, 예를 들어, 내담자가 감정을 충분히 쏟아 내고 싶어 하거나 그래야 할 경우, 갑작스런 재난이나 위기상황으로 인해 내담자가 불안정한 감정 상태에 놓인 경우 등이다. 즉, 우선 내담자의 정서적인 안정을 도모할 필요가 있는 경우에 도움이 된다.

면담자는 따라가기 스타일이 필요한 경우와 그렇지 않은 경우를 고려할 수 있어야 한다. 만약 내담자의 뚜렷한 행동 변화목표가 확인되었다면 면담자가 따라가기 스타일을 고수하기보다는 변화 방향을 향해 효과적으로 전환해 나갈 수 있어야 한다. 즉, 면담자는 내담자의 준비도에 따라 따라가기 스타일의 효용성과 적합성을 고려하고 충분히 공감적인 경청을 통해 내담자의 정서가 안정화가 되고 나면, 적절한 시기에 반영과 요약, 유발적 열린질문 등을 활용해 변화의 방향으로 초점을 전환하여 면담이 정체되지 않도록 하여야 한다.

(3) 안내하기 스타일

안내하기(guiding) 스타일은 지시하기와 따라가기의 중간에 위치한 대화 스타일로, 동기면담이 바로 안내하기 스타일의 대화 양식이다.

동기면담은 '개인의 변화동기를 스스로 찾고 견고히 하도록 돕는 협동적인 의사소통 스타일'(Miller & Rollick, 2013)로, 안내하기 스타일의 면담자는 면담자와 내담자 간의 힘을 균형 있게 유지하는 가운데 내담자가 변화의 방향을 스스로 찾도록 돕고 이를 실천해 나가는 과정에서 길을 잃지 않도록 안내하는 역할을 한다.

안내하기 스타일의 면담자는 변화를 위한 최상의 답은 내담자 안에 있으며 내담자가 찾을 수 있다는 신념을 가지고 접근하므로 답을 제시하려 하거나 억지로 유도하지 않는다.

안내하기 스타일의 면담자는 내담자가 자신만의 변화 요구와 이유, 할 수 있다는 능력에 대한 자신감과 중요성 등을 탐색하도록 이끌어 간다. 즉, 변화를 향해 움직이는 내담자를 존중하고 자율성을 지지하면서 협동적인 자세로 임하는 안내하기 스타일은 지시하기 스타일과 달리 내담자를 더 개방적이고 협동적이 되도록 하며, 내재한 자신의 가치와 장점을 들여다보게 되면서 변화를 향한 힘이 향상된다.

안내하기 스타일의 면담자는 인내심을 갖고 내담자의 준비도를 항상 고려하며, 내담자의 생각과 의견을 구하는 가운데 동기면담의 원리와 핵심기술을 적절히 사용하면서 안내자로서의 역할을 하게 된다.

참고문헌

고려대학교 민족문화연구원 국어사전편찬실(2009). 고려대한국어대사전. 서울: 고려대학교 민족문화연구원.

Amrhein, P. C. (2004). How does motivational interviewing work? What client talk reveals. *Journal of Cognitive Psychotherapy, 18*(4), 323–336.

Amrhein, P. C., Miller, W. R., Yahne, C. E., Palmer, M., & Fulcher, L. (2003). Client commitment language during motivational interviewing predicts drug use outcomes. *Journal of consulting and clinical psychology, 71*(5), 862.

Arkowitz, H., Miller, W. R., & Rollnick, S. (Eds.). (2015). *Motivational interviewing in the treatment of psychological problems*. New York: Guilford Publications.

Apodaca, T. R., Jackson, K. M., Borsari, B., Magill, M., Longabaugh, R., Mastroleo, N. R., & Barnett, N. P. (2016). Which individual therapist behaviors elicit client change talk and sustain talk in motivational interviewing?. *Journal of Substance Abuse Treatment, 61*, 60–65.

Bandura, A. (1977). Self-efficacy: Toward a unifying theory of behavioral change. *Psychological Review, 84*(2), 191–215.

Barrett-Lennard, G. T. (1962). Dimensions of therapist response as causal factors in therapeutic change. *Psychological Monographs: General and Applied, 76*(43), 1.

Bem, D. J. (1967). Self-perception: An alternative interpretation of cognitive dissonance phenomena. *Psychological Review, 74*(3), 183.

Brehm, J. W. (1966). A theory of psychological reactance. New York: Academic Press.

Deci, E. L., & Ryan, R. M. (2008). Self-determination theory: A macrotheory of human motivation, development, and health. *Canadian Psychology/Psychologie canadienne, 49*(3), 182.

Easton G. P. (2021). Resisting the "righting reflex" in conversations about covid vaccine hesitancy. *BMJ (Clinical research ed.), 373*, n1566. https://doi.org/10.1136/bmj.n1566

Festinger, L. (1962). Cognitive dissonance. *Scientific American, 207*(4), 93-106.

Haque, S. F., & D'Souza, A. (2019). Motivational interviewing: the RULES, PACE, and OARS. *Current Psychiatry, 18*(1), 27-29.

Harmon-Jones, E., & Mills, J. (2019). An introduction to cognitive dissonance theory and an overview of current perspectives on the theory. In E. Harmon-Jones (Ed.), *Cognitive dissonance: Reexamining a pivotal theory in psychology* (pp. 3-24). American Psychological Association.

Kuipers, E., Bebbington, P., Dunn, G., Fowler, D., Freeman, D., Watson, P., ... & Garety, P. (2006). Influence of carer expressed emotion and affect on relapse in non-affective psychosis. *The British Journal of Psychiatry, 188*(2), 173-179.

Miller, W. R. (1983). Motivational Interviewing with Problem Drinkers. *Behavioural and Cognitive Psychotherapy, 11*(2), 147-172.

Miller, W. R. (2021). Motivational interviewing 2021 TNT workshop.

Miller, W. R., & Rollnick, S. P. (2002). *Motivational interviewing: Preparing people for change.* New York: The Guilford Press.

Miller, W. R., Moyers, T. B., Ernst, D., & Amrhein, P. (2003). Manual for the motivational interviewing skill code (MISC). *Unpublished* manuscript. *Albuquerque: Center on Alcoholism, Substance Abuse and Addictions, University of New Mexico.*

Miller, W. R., & Rose, G. S. (2009). Toward a theory of motivational interviewing. *American Psychologist, 64*(6), 527.

Miller, W. R., & Rollnick, S. (2013). *Motivational interviewing: Helping people change.* New York: The Guilford Press.

Miller, W. R., & Rose, G. S. (2015). Motivational interviewing and decisional balance: contrasting responses to client ambivalence. *Behavioural and Cognitive Psychotherapy, 43*(2), 129-141.

Moyers, T. B., Rowell, L. N., Manuel, J. K., Ernst, D., & Houck, J. M. (2016). The motivational interviewing treatment integrity code (MITI 4): Rationale, preliminary reliability and validity. *Journal of Substance Abuse Treatment, 65,* 36-42.

Moyers, T. B., & Rollnick, S. (2002). A motivational interviewing perspective on resistance in psychotherapy. *Journal of Clinical Psychology, 58*(2), 185-193.

Miller, W. R., & Moyers, T. B. (2017). Motivational interviewing and the clinical science of Carl Rogers. *Journal of Consulting and Clinical Psychology, 85*(8), 757.

Magill, M., Apodaca, T. R., Borsari, B., Gaume, J., Hoadley, A., Gordon, R. E., ... & Moyers, T. (2018). A meta-analysis of motivational interviewing process: Technical, relational, and conditional process models of change. *Journal of Consulting and Clinical Psychology, 86*(2), 140.

Magill, M., Bernstein, M. H., Hoadley, A., Borsari, B., Apodaca, T. R., Gaume, J., & Tonigan, J. S. (2019). Do what you say and say what you are going to do: A preliminary meta-analysis of client change and sustain talk subtypes in motivational interviewing.

Psychotherapy Research, 29(7), 860-869.

Oram, R., Dou, A., & Rogers, M. (2022). Pilot study of self-determination theory and motivational interviewing intervention targeting need satisfaction, motivation, and procrastination. *Scholarship of Teaching and Learning in Psychology*. Advance online publication.

Park, K. H., & Yune, S. J. (2022). Development and Validation of Academic Motivation Scale for Medical Students based on Self-Determination Theory. *Journal of Digital Convergence, 20*(1), 221-229.

Prochaska, J. O., & DiClemente, C. C. (1983). Stages and processes of self-change of smoking: toward an integrative model of change. *Journal of Consulting and Clinical Psychology, 51*(3), 390.

Rogers, C. R. (1957). The necessary and sufficient conditions of therapeutic personality change. *Journal of Consulting Psychology, 21*(2), 95-103. doi: 10.1037/h0045357

Rogers, C. R. (1986). Carl Rogers on the development of the person-centered approach. *Person-Centered Review, 1*(3), 257-259.

Rogers, C. R. (1992). The necessary and sufficient conditions of therapeutic personality change. *Journal of Consulting and Clinical Psychology, 60*(6), 827.

Steele, C. M. (1988). The psychology of self-affirmation: Sustaining the integrity of the self. In L. Berkowitz (Ed.) *Advances in experimental social psychology*(Vol. 21, pp. 261-302). New York: Academic Press.

제2장
동기면담 정신

　　동기면담은 사람에게 어떤 것을 행하는 것이 아니라 사람을 위해, 사람과 함께하는 것이다. 동기면담 정신은 동기면담을 실천하는 사람이 지녀야 할 마음자세와 태도로 협동, 수용, 유발, 연민의 네 가지 요소를 말한다. Miller와 Rollnick은 내담자와 조력관계에 있는 면담자에게 중요한 것은 세련되고 숙련된 면담기술보다 마음자세임을 강조하였다. 면담자가 내담자를 존중하지 않고, 판단하며, 경청하지 않은 채 일방적인 태도와 언어로 면담을 진행한다면, 내담자의 신뢰를 얻기 어려울 뿐만 아니라 면담을 효과적으로 이끌어 가지 못한다. 즉, 면담자의 태도는 대화 스타일에 영향을 주어 내담자와 효과적으로 상호작용하도록 하는 토대를 제공한다.

　　동기면담은 면담자가 내담자에게 어떤 것을 가하여 동기화하는 것이 아니라 내담자와 함께 작업을 하면서 스스로 변화동기를 발견하도록 돕는 것이다. 즉, 동기면담은 면담자와 내담자가 서로 협동하는 가운데 내담자가 **자율성**의 토대 위에서 문제해결을 향해 나아가도록 돕는 것으로, 동기면담의 정신은 이러한 문제해결 방향으로 나아가는 과정을 효과적으로 이끌어 가기 위한 면담자의 세계관을 형성하는 토대라고 할 수 있다.

『동기면담』 1판(1991)과 2판(2002)에서는 동기면담의 정신을 협동, 유발, 자율의 세 가지 요소로 설명하였으며, 3판(2013)에서는 협동, 수용, 유발, 연민의 네 가지 요소로 설명하였다. 3판에서의 변화는 자율을 수용이라는 보다 큰 개념의 하위 특성(자율성 지지하기, 절대적 가치로 받아들이기, 인정하기, 정확하게 공감하기)으로 포함하였고, 연민을 추가하였다. 중요한 것은 이러한 정신들은 경험적·행동적 요소들을 포함해야 한다는 것인데, 단지 느끼는 데 머무르는 것이 아니라 행동으로 표현되고 내담자에게 언어적, 비언어적으로 전달되어야 한다는 점이 중요하다.

네 가지 동기면담 정신에 대해 살펴보면 다음과 같다.

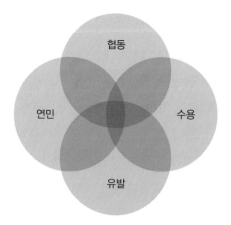

[그림 2-1] 동기면담의 정신

출처: Miller & Rollnick (2013).

1. 협동

협동(collaboration)은 파트너십을 의미한다. 협동은 면담자가 내담자에게 무엇을 행하는 것이 아니라, 내담자의 문제와 관련된 경험들을 탐색하고 스스로 문제를 해결해 나아갈 수 있도록 "함께 해나가는 것"이다. 협동에 대한 구체적인 이해를 위한 다음의 측면들을 살펴보자.

1) 내담자의 전문성 존중

협동정신에는 내담자 자신에 대해 가장 잘 아는 사람은 내담자 본인이라는 의미가 담겨 있다. 즉, 면담자는 자신에 대해 가장 잘 알고 있는 내담자를 조력하는 것으로 협력하는 면담자는 내담자로 하여금 스스로를 탐색하게 하고, 내담자를 지지하며, 내담자에 대해 관심과 호기심을 표현한다.

협력하는 면담자가 인정해야 할 것은 면담자는 내담자보다 내담자에 대해 아는 것이 적다는 것이다. 따라서 내담자보다 한 보폭 뒤에 서서 내담자의 전문성을 기반으로 상호 보완해 나가는 역할을 해야 한다. 이를 위해 면담자는 내담자로 하여금 자신이 문제해결 주체라는 전문성을 인식하도록 지지해야 하며, 내담자 자신의 강점, 보완할 점을 발견하도록 안내해야 한다. 협동은 마치 파트너와 손을 맞잡고 함께 춤을 추는 것과 같다고 비유를 하는데, 면담자는 내담자가 넘어지지 않도록 내담자의 상태를 관찰하면서 부드럽게 길을 안내하는 것이라고 말할 수 있다.

동기면담은 궁극적으로 내담자가 자신의 내적 동기와 내적 자원을 활성화하도록 돕는 것으로, 협동은 내담자의 전문성을 활성화하는 것을 통해 변화로 다가가도록 돕는 것을 말한다.

2) 함께 같은 방향을 바라보는 것

협동하는 면담자는 내담자의 말을 대부분 경청하고, 내담자의 말로 전달되는 그들의 경험을 이해하려고 해야 한다. 협동은 면담자와 내담자가 각기 자신의 요구와 바람을 내어 놓고, 이에 대해 서로 충분히 이해하며, 나아갈 방향성을 함께 찾기 위해 노력하는 것이다. 협동은 면담자가 내담자의 말에 자신의 관점을 추가하는 것이 아니라 내담자의 눈을 통해 바라보는 것이다.

3) 전문가 함정

협동하는 면담자는 전문가 함정에 유의해야 한다. 전문가 함정이란 면담자가 '자신은 한 분야의 전문가로서 문제해결의 답을 이미 알고 있다'고 생각하고 '답을 제공해 주려는 행동을 하는 것'이다. 이러한 행동은 면담자가 올바르다고 생각하고 있는 방향으로 내담자를 고쳐 주려는 교정반사로 이어질 수 있으므로 면담자는 이러한 전문가 함정에 빠지지 않도록 의식적으로 인식하고 유의해야 한다. 특히 문제해결이 주된 역할인 전문가들(예: 교사, 의료인, 교정기관 등)의 경우 전문가 함정에 빠지지 않도록 의식적으로 노력해야 한다.

2. 수용

"사람을 있는 그대로 대하면 있는 그대로 머물지만, 마땅히 되어야 할 사람과 될 수 있는 사람처럼 대하면 그는 마땅히 되어야 할, 될 수 있는 사람이 될 것이다."

-Goethe-

수용(acceptance)은 Carl Rogers의 사람 중심 접근법(person-centered approach)에 근거를 두며, 협동 정신과 깊은 연관이 있는 요소다.

수용은 내담자를 있는 그대로의 모습으로 인정하고 받아들이는 것으로, 내담자가 안고 있는 문제들에 대해 어떠한 가정이나 해석을 하지 않고 있는 그대로 받아들이는 것이다. 즉, 내담자를 아무런 판단이나 조건 없이 받아들이는 것이다. 수용은 인간을 완벽할 수 없으며 실수할 수 있는 존재로 인정하는 것으로, 상대방을 수용하고 수용을 전하는 면담자의 능력(행동)은 변화목표를 향해 앞으로 나아가려는 사람들에게 필수적인 것이다.

수용은 상당히 포괄적인 의미들을 담고 있으며, 동기면담에서는 다음과 같은 네 가지 요소를 수용의 핵심요소로 포함하였다.

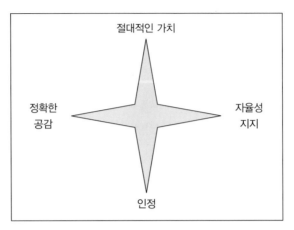

[그림 2-2] 수용의 네 가지 요소

출처: Miller & Rollnick (2013).

1) 절대적인 가치

내담자를 수용한다는 것은 모든 인간이 지닌 내면의 가치와 잠
재력을 귀하게 여기면서, 상대를 무조건적이고 긍정적인 태도
로 존중하는 것이다. 즉, 수용은 인간을 '그 자체로서 절대적 가치
(absolute worth)가 있으며' '서로 비교할 수 없는 독립적이고 개별적
인 존재'로 바라보는 것인데, 이러한 수용은 상대를 존중하는 태도
로 전달이 된다.

존중이란 타인을 있는 그대로 바라보고 상대의 고유한 개별성을
지각하면서 타인이 본래 지닌 자신의 모습으로 성장하고 발달할
수 있도록 도우려는 마음을 뜻한다.

사람들은 타인으로부터 절대적으로 가치 있는 존재로 받아들여
지지 못한다고 경험할 때 당황하며 고통과 좌절을 경험한다. 즉, 절
대적인 가치로 존중받는 것이 아닌, 나의 고유한 가치에 조건이 붙

고, 누군가에 의해 판단받는 존재로 대우를 받는다면 자신을 불신하게 되고 자신감이 손상받게 된다. 자연히 타인의 판단에 의존하게 되고 있는 그대로 수용받기 위해 내면의 동기에 의해 행동하기보다는 외적 준거 틀에 맞추려 고군분투하게 된다. 즉, 자율성을 상실한 수동적인 존재가 될 확률이 높아지고, 결국 스스로 성장해 나아가기 위한 잠재력과 능력을 펼치지 못하게 되며 고정되고 자유를 상실하게 된다. 따라서 내담자가 절대적 가치가 있는 존재로 받아들여진다고 느낄 수 있도록 내담자를 존중하는 태도를 갖는 것이 중요하다.

2) 정확한 공감

내담자를 수용한다는 것은 정확하게 공감하는 것을 포함한다.

공감은 상대의 경험이 마치 나의 경험인 것처럼 느끼고 생각하면서 최대한 그의 입장을 이해하려는 노력으로, '틀릴 수도 있지만 나는 당신을 ~게 이해하고 있다.'라고 표현하는 것이다.

공감은 내담자의 경험의 준거들을 이해하는 능력이며, 내담자가 하고 있는 생각과 행동이 그럴 만한 가치가 있는 것이라고 확신해 주는 것으로, **정확한 공감**(accurate empathy)이란 '내담자의 눈을 통해 세상을 바라보려고 노력하면서 그의 내적 준거 틀과 그 안에 담긴 감정과 의미에 적극적으로 관심을 갖고 이해하려 노력하는 것'이다.

이처럼 공감은 '상대의 내면의 경험을 이해하는 과정'으로 상대를 정확하게 공감한다는 것은 내담자의 인식 세계를 가치 있게 여

기는 것이고, 면담자 자신의 견해와 가치를 내려놓고 편견 없이 상
대의 세계로 들어가는 것을 말한다.

Carl Rogers는 "사람은 상대로부터 민감하게 그리고 정확하게 이
해받고 있다고 느끼게 될 때 자기 자신에 대해 성장을 촉진하는 자
세를 발달시킨다."라고 하였다.

공감은 많은 긍정적인 결과를 이끌어 내었다고 보고되었다. 특
히 정확한 공감을 많이 받은 사람은 소외감에서 해방되고, 자신이
있는 모습 그대로 존중받고 수용됨을 느낌으로써 자기 수용성이
증가한다고 하였다.

3) 자율성 지지

내담자를 수용한다는 것은 내담자의 자율성을 지지하는 것을 포
함한다.

자율성 지지(autonomy support)는 내담자가 최선의 선택을 할 수
있는 존재이며, 그가 택한 선택을 존중해 주고, 자기결정에 대한 책
임과 통제력을 갖고 있음을 존중하고 지지하는 것을 말한다.

Carl Rogers는 기본적으로 인간을 긍정적이고, 신뢰할 수 있는
존재로 여겼으며 내담자들이 자기 자신에 대해 긍정적인 관점을
갖고 자기가 선택하고 책임질 수 있는 능력이 있는 존재임을 깨닫
는 것이 중요하다고 보았다.

이러한 긍정적인 관점을 토대로 자율성 지지는 내담자를 진정으
로 수용하고 존재를 인정하는 것에서부터 시작할 수 있다.

외적인 힘과 외적 준거 틀에 의한 통제가 아닌 긍정적인 신뢰 아

래 자율성을 지지 받는 개인은 자신의 행동에 대한 내적 동기에 확신을 갖게 되고, 이러한 확신은 자신감으로 연결된다. 자신감 중에서도 **자기효능감**이 증진됨으로써 타인이 아닌 스스로의 판단에 의거하여 선택하고 결정할 수 있는 **자율적 존재**로 성장하는 힘을 가질 수 있게 된다. 개인의 선택과 결정을 직접적으로 인정받는 사람은 방어가 줄고 변화를 촉진하는 힘을 갖는다.

4) 인정

내담자를 수용한다는 것은 그의 장점과 노력, 긍정적인 속성과 미래의 희망 등을 격려하고 칭찬하고 인정하는 것을 말한다. 면담자의 **인정**(affirmation)을 통해 내담자는 자신의 능력과 노력에 대한 확신을 갖게 되며, 이는 자기효능감은 물론이고 긍정적인 자아정체성을 형성하는 데에도 영향을 미친다.

인정은 자신감이 없고, 문제에 대한 인식 수준이 낮은 대상자에게도 긍정적인 영향을 미칠 수 있다. 어디로 가야 할지 불확실한 상태에 놓인 내담자들이라도 면담자는 그가 한 작은 노력들을 인식하고 인정하려고 노력해야 한다. 확실한 동기를 찾지 못한 내담자들에게는 외적인 것(예: 외모, 학력, 재산 등)보다는 내적인 강점(예: 인내심, 강직함, 정직함 등)이나 속성(예: 친절함, 부드러움, 양보심 등)을 인정해 주기 위해 초점을 맞추어야 한다.

인정의 반대는 평가다. 인정받은 내담자는 자신이 누군가에게 평가받기보다는 수용되고 있으며 소속되어 있다고 느끼며 자존감을 유지할 수 있는 힘을 얻는다.

3. 유발

유발(evocation)은 내담자 안에 있는 강점과 자원들을 이끌어 내는 것이다. 내담자의 고유한 장점, 성격특성, 가치관, 삶의 목표, 유형 및 무형의 자원들이 그 예가 될 수 있다.

1) 강점 관점

동기면담은 인간은 누구나 자신의 삶을 긍정적이고 선한 방향으로 살아가고자 하는 마음이 있으며, 내면에 그럴 수 있는 동기와 자원을 많이 가지고 있다는 생각에서부터 출발한다. 이는 내담자에 대한 강점 관점으로, 내담자를 부족하고 결핍되어 있어 누군가 채워 주어야 하는 존재가 아닌 자신만의 지혜의 샘을 갖고 있는 존재로 인식하는 것을 의미한다.

따라서 면담자는 대상자에게 결핍을 채워 주고 주입하는 것이 아니라, 내담자 안에 이미 내재된 강점과 동기, 다양한 자원에 관심을 갖고 이를 보물창고로부터 찾아 이끌어 내도록 하는 과정에 함께할 수 있어야 한다.

2) 주입이 아닌 이끌어내기

교수자의 입장에서 일방적으로 학생에게 지식을 전달하는 것은 지식을 주입하는 것의 예가 될 수 있다. 문제의 특성(예: 감염병 관

리)에 따라서 주입과 설득이 효과적일 때도 있지만 양가적인 마음
을 갖고 있는 내담자의 경우 설득보다 본인 내면의 동기에 의해 더
큰 힘을 받는다는 것을 주목하여 내면의 동기를 찾아 이끌어 내도
록 안내한다.

4. 연민

연민(compassion)은 『동기면담』 3판(2013)에서 추가된 개념으로,
내담자의 안녕과 복지를 우선하는 의도적·적극적 헌신을 가리키
며 단지 동정(sympathy)과 같은 정서적 개념이 아니다. 타인에 대
해 연민을 가진다는 것은 타인의 복지와 안녕을 위해 적극적으로
노력하고, 타인의 요구에 우선적으로 관심을 가지며, 타인의 안녕
을 위해 의도적으로 헌신하는 것을 뜻한다.

다시 말하면, 연민의 정신을 갖는다는 것은 면담자가 제공하는
서비스들이 전적으로 내담자의 이익을 위한 것이어야 함을 뜻한
다. 면담자가 제공하는 중재가 면담자를 위한 것이 아니어야 한다
는 뜻인데, 이는 자칫 면담자가 서비스를 제공하는 과정에서 상담
기법이나 지식을 이용해 면담자의 유익을 얻는 방향으로 내담자를
이용하거나 내담자를 수단으로 대할 수 있음을 경계한 것이다. 만
일 면담자의 이익을 내담자의 이익보다 우선하면서 면담자가 원하
는 방향으로 내담자를 조종한다면, 내담자는 존중받지 못하고 조
종당한다고 느낄 수 있으며 무시당했다거나 부당한 대우를 받았다
고 느낄 수 있다. 이는 동기면담과는 완전히 정반대되는 행태다.

따라서 어떠한 경우에도 면담자는 내담자의 이익을 우선하는 연민의 마음이 준비되어야 하며, 그럴 때 비로소 내담자가 면담자를 온전히 신뢰할 수 있는 관계의 토대를 갖게 된다.

📝 참고문헌

Arkowitz, H., & Miller, W. R. (2008). Learning, applying, and extending motivational interviewing. In H. Arkowitz, H. A. Westra, W. R. Miller, & S. Rollnick (Eds.), *Motivational Interviewing in the Treatment of Psychological Problems* (pp. 1-25). New York: The Guilford Press.

Deci, E. L., & Ryan, R. M. (2012). Self-determination theory in health care and its relations to motivational interviewing: a few comments. *International Journal of Behavioral Nutrition and Physical Activity, 9*(1), 1-6.

Ehret, P. J., LaBrie, J. W., Santerre, C., & Sherman, D. K. (2015). Self-affirmation and motivational interviewing: Integrating perspectives to reduce resistance and increase efficacy of alcohol interventions. *Health Psychology Review, 9*(1), 83-102.

Leffingwell, T. R., Neumann, C. A., Babitzke, A. C., Leedy, M. J., & Walters, S. T. (2007). Social psychology and motivational interviewing: A review of relevant principles and recommendations for research and practice. *Behavioural and Cognitive Psychotherapy, 35*(1), 31-45.

Miller, W. R., & Rollnick, S. (2013). *Motivational interviewing: Helping people change.* New York: The Guilford Press.

Miller, W. R. (1983). Motivational interviewing with problem drinkers. *Behavioural and Cognitive Psychotherapy, 11*(2), 147-172.

Miller, W. R., & Moyers, T. B. (2006). Eight stages in learning motivational interviewing. *Journal of Teaching in the Addictions, 5*(1), 3-17.

Miller, W. R., & Rose, G. S. (2009). Toward a theory of motivational interviewing. *American Psychologist, 64*(6), 527.

Moyers, T. B. (2014). The relationship in motivational interviewing. *Psychotherapy, 51*(3), 358.

Resnicow, K., & McMaster, F. (2012). Motivational Interviewing: moving from why to how with autonomy support. *International Journal of Behavioral Nutrition and Physical Activity, 9*(1), 1-9.

Rogers, C. R. (1957). The necessary and sufficient conditions of therapeutic personality change. *Journal of Consulting Psychology, 21*(2), 95-103. doi: 10.1037/h0045357

Rogers, C. R. (1992). The necessary and sufficient conditions of therapeutic personality change. *Journal of Consulting and Clinical Psychology, 60*(6), 827.

Silberschatz, G. (2007). Comments on "The necessary and sufficient conditions of therapeutic personality change" *Psychotherapy: Theory, Research, Practice, Training, 44*(3), 265-267.

Vansteenkiste, M., & Sheldon, K. M. (2006). There's nothing more practical than a good theory: Integrating motivational interviewing and self-determination theory. *British Journal of Clinical Psychology, 45*(1), 63-82.

Villarosa-Hurlocker, M. C., O'Sickey, A. J., Houck, J. M., & Moyers, T. B. (2019). Examining the influence of active ingredients of motivational interviewing on client change talk. *Journal of*

Substance Abuse Treatment, 96, 39–45.

Wagner, C. C., & Sanchez, F. P. (2002). The role of values in motivational interviewing. *Motivational Interviewing: Preparing People for Change, 2*, 284–298.

제3장
동기면담의 과정

동기면담의 네 가지 과정은 관계형성하기, 초점맞추기, 유발하기, 계획하기이다. 첫 번째 단계인 관계형성하기는 안정적이고 지속적인 면담 진행을 위해 거쳐야 하는 필수적인 과정이다. 변화목표와 바람을 명확히 하는 초점맞추기 단계 또한 문제해결로 나아가기 위한 전제 조건이며, 내담자가 원하는 특정 목표달성을 위해 좀 더 명확히 초점을 맞추고 안내를 하는 유발하기, 실천 가능한 대안을 마련하는 계획하기는 이 이후에 일어날 수 있는 단계이다. 이런 점에서 동기면담의 진행 과정은 어느 정도 선형적이라고 할 수 있다. 중요한 것은 내담자와의 협력관계가 잘 이루어지다가도 여러 가지 이유에 의해 그렇지 못한 경우가 있는데, 그런 경우 다시 관계형성하기 단계로 돌아가야 한다는 점이다. 이러한 되돌아가는 과정이 면담 전반에 걸쳐 나타날 수 있다는 점에서 동기면담 과정은 재귀적(recursive) 과정이라고 할 수 있다. 관계형성이 생각보다 매우 빠르게 일어날 수 있으며, 유발하기와 계획하기 단계로 빠르게 이동하기도 한다. 동기면담의 어떤 단계이든 면담자가 내담자에게 얼마나 편안하고 신뢰할 수 있는 안전지대를 제공하는가 하는 것이 중요하다. 이를 위해 각 단계마다 과정을 촉진하고 발전시키기 위해 면담자가 고려해야 할 내용을 살펴보기로 하자.

1. 관계형성하기

동기면담의 과정 중 무엇보다 중요한 것은 면담과정에서 내담자가 협력적으로 참여하며 이를 유지하고 발전시키는 것이다. 이에 따라 면담의 지속성과 내담자가 얻고자 하는 문제해결의 성패가 결정된다.

내담자와 협력적인 동맹관계를 형성하고 면담에 참여하도록 하는 관계형성하기(engaging) 단계는 필수적으로 우선되어야 하는 과정이다. 면담자와 신뢰관계가 형성되고 상호 존중하는 관계가 잘 수립이 된다면 내담자의 변화목표를 상호 확인하고 구체적인 협력방법을 논의하고 합의하는 데 성공적으로 도달할 수 있다. 그러나 만약 내담자가 면담에 참여하는 것에 불편함을 느끼고 외부로부터 압력을 받는다고 느낀다면, 면담은 성공적으로 진행되기 어려우며 신뢰관계로 이어지기 어렵다.

관계형성하기 단계에서 우선 중요한 것은 내담자를 알아 가는 과정이다. 내담자가 무슨 말을 하든(대화의 내용이 변화에 대한 것이든 변화의 요구와는 아직은 거리가 있는 일반적인 과거 이야기이든) 내담자 편에 서서 아직은 그가 회피하고 싶어 하는 것, 모호하게 표현하고 싶어 하는 것을 민감하게 보호해 주어야 한다. 너무 성급하게 특정한 부분에 대해 질문하거나 너무 많은 질문을 한다면, 내담자는 자신을 보호하기 위해 되돌릴 수 없는 왜곡된 진술을 해 버릴 수 있다.

면담자는 관계형성하기의 초기 단계에서 곤란한 상황들을 초래할 수 있는데 관계형성을 저해하는 다음과 같은 몇 가지 측면을 살펴볼 필요가 있다(Miller & Rollnick, 2013).

첫째는 **평가함정**으로, 흔히 면담자는 내담자에 대해 많이 알아내야 해결책을 찾고 문제해결 과정을 시작할 수 있다고 생각한다. 내담자와의 첫 만남에서 내담자에 대한 정보를 수집하는 데 집중하고 현 상황을 평가하는 것을 우선시한다면 면담자가 주도권을 쥔 상태로 질문-대답의 대화가 이어지기 쉽다. 결국 면담자는 내담자를 수동적으로 만들면서 충분한 변화대화를 유발할 기회를 제공하지 못할 수 있다.

둘째는 **전문가 함정**으로, '전문가인 내가 해결책을 제시해 줄 것이다.'라는 암시를 조성하는 것이다. 면담자가 전문가 입장에서 연속적으로 질문하여 정보를 수집하고 이를 기반으로 제안과 해결책을 전달하려는 식의 접근을 말하는데, 이러한 접근은 내담자의 내적 동기를 기반으로 한 협력관계 속에서 변화가 일어나도록 돕는 데 효과적이지 않다. 면담자는 변화로 나아가기 위한 해결책을 갖고 있는 전문가가 곧 내담자라는 것을 인식해야 하며 내담자 스스로 양가감정을 탐색하고 문제해결로 나아갈 수 있도록 도와야 한다.

셋째는 **성급하게 초점맞추기 함정**으로, 관계형성을 하기도 전에 문제에 초점을 맞추려는 것이다. 면담자는 대화 중 많은 것들을 인식하는데, 인식한 어떤 것에 대해 '바로 저게 문제야.'라고 인식하고 그것을 향해 초점을 맞추려 할 수 있다. 면담 초기에 내담자가 자신의 문제에 대한 충분한 인식과 탐색이 이루지지 않았고, 어떤 문제를 먼저 다룰지 불분명한 상황에서 면담자가 너무 성급하게 하나의 문제에 초점을 맞추려 한다면 내담자는 방어적이고 회피적으로 행동할 수 있으며 관계형성에 어려움을 초래할 수 있다. 면담자는 서두르지 않고 내담자가 다루기를 원하는 주제에서 면담을 시작하는 것이 효과적이다. 무엇보다도 관계형성 초기에 내담자의 관심사에 귀 기울여 경청하는 것이 중요하다.

넷째는 **명명하기 함정**으로, 면담자가 성급하게 내담자에게 진단명(예: 당신은 게임중독입니다)을 붙여 부르거나 혹은 면담자가 초점을 맞추고 싶은 어떤 것(문제)으로 내담자를 명명(labelling)하는 것(예: 당신은 지금 회피하고 있군요)을 말한다. 이러한 면담자의 태도는 내담자에게 수치심을 일으킬 수 있으며, 면담자가 내담자를 규정하며 통제하고 있다는 메시지를 전달할 수 있다. 이러한 접근은 내담자에게 부정적인 감정과 갈등을 유발하여 결과적으로 관계형성을 방해하게 된다. 동기면담은 이러한 접근이 아니어도 문제에 잘 접근할 수 있다고 설명한다. 만일 내담자가 면담자가 인식한 자신의 문제에 동의한다면 별 문제가 되지 않겠지만 내담자가 이에 대해 불편한 감정을 드러낸다면, 면담자는 이러한 감정에 동의하면서 한발 물러나 반영하기를 하는 것이 도움이 된다.

다섯째는 **비난하기 함정**이다. 면담 초기는 면담의 목표가 아직 불분명한 상황으로 내담자는 문제가 누구 때문에 생겨난 것인지를 밝히고 싶어 할 수 있다. 만약 이 상황을 적절히 다루지 못한다면 문제해결과는 무관한 것을 비난하느라 무의미한 에너지를 소모할 확률이 높다. 내담자에게 이런 문제가 발생한다면, 감정과 생각을 반영해 주면서 면담의 목적이 문제 발생의 책임 소재를 찾는 것이 아니라 문제해결책을 함께 찾는 것이라는 점을 전달하면서, 내담자의 우려와 두려움이 가라앉도록 돕는 게 효과적이다.

여섯째는 **잡담함정**으로, 이는 면담자와 내담자의 대화가 변화목표와 변화행동이 아닌 일반적인 대화로 흘러가는 것을 말한다. 이는 변화목표에 대한 방향성이 미약할 때 일어날 수 있는데, 어느 정도의 가벼운 대화가 면담 초기의 어색함과 긴장감을 완화하는 데 도움이 될 수 있지만, 지나치게 방향성 없는 대화가 많아지는 것은 면담의 효과를 저해한다.

요약하면 관계형성하기 단계는 협력관계를 맺고 신뢰관계를 형성하는 단계로, 가능하다면 '불만을 제시'하는 것에서 거리를 두고 출발하는 게 도움이 되며 질문보다는 공감이 중요하다. 무엇보다 내담자의 심리적 안전감이 중요하며 연민에 기반한 관계(compassionate working relationship), 협력관계(working alliance)를 구축하는 것이 중요하다.

> "본격적으로 이야기를 시작하기 전에 당신이 어떤 사람인지 알고 싶어요."
> "삶의 열정, 잘하는 일, 정말 즐기는 일, 자랑스러워하는 일에 대해 말해 주세요."
> "상담을 받으러 오시면서 바라는 점은 무엇입니까?"

2. 초점맞추기

초점맞추기(focusing) 단계는 명확하지 않은 변화 방향과 이에 대한 내담자의 동기를 명확하게 찾는 단계로, 변화해 나아갈 목표 방향을 찾고 유지하기 위해 진행해 가는 과정이다.

1) 명확한 초점 찾기

내담자의 변화 요구와 그 안의 동기는 무엇일까? 이에 대한 명확한 초점을 찾는 데 어떤 이는 몇 주가 걸릴 수도 있지만, 어떤 이는 몇 분 안에 찾을 수도 있다. 몇 분 안에 변화목표를 찾는 경우는 보다 수월하게 다음 단계로 나아갈 수 있지만, 변화 방향으로 나아가는 과정이 수월한 것만은 아니다. 진행과정에서 내담자는 언제든지 양가감정에 놓일 수 있으며, 미처 알지 못했던 문제들이 새롭게 드러나기도 하고, 내담자가 바라는 변화목표들이 서로 상충되는 등 출발 지점에서 확인하고 합의한 목표 지점까지 가는 길에는 복잡하고 다양한 문제가 잠복해 있을 수 있다. 따라서 설사 초기에 초점을 명확히 찾고 해결을 향해 나아가더라도 면담자는 뚜렷한 방향성을 잃지 않은 가운데 면담을 유지해 나갈 수 있어야 한다.

초점맞추기는 한 번에 끝나는 과정이 아니며, 진행하는 과정에서 제2, 제3의 초점을 추가해야 하거나, 아예 초기에 초점을 맞춘 것을 다시 확인하고 재조정해야 하는 타협이 필요한 과정이다. Miller와 Rollnick(2013)은 이를 "뚜렷한 방향을 찾아 유지하면서 어

러운 물길을 빠져 나오는 것과 같다."라고 묘사하였다. 이런 견지
에서 초점맞추기는 내담자와의 협동과 면담자의 동기면담 정신이
그 어느 때보다도 잘 발휘되어야 하는 단계이다.

2) 의제 설정

의제(agenda)란 무엇인가? Miller와 Rollnick(2013)은 의제를 변
화목표 그 이상의 개념으로 설명하는데, 즉 내담자의 바람, 염려,
기대와 두려움으로 설명한다. 또한 의제는 내담자뿐 아니라 타인,
가족과 같은 내담자와 관련된 사람들, 더 넓게는 내담자의 이슈와
관련된 기관(법원 등) 쪽에서도 갖고 있을 수 있으며, 면담자, 내담
자가 도움을 요청한 기관(예: 자살예방센터, 중독관리센터) 등 다양한
관련자가 포함될 수 있다. 즉, 의제의 도출은 크게 내담자 측과 면
담자 측에서 존재할 수 있는데, 대부분 내담자 측의 관점에 초점을
두고 도출과정이 진행되는 것이 일반적이다.

의제를 설정하면서 내담자와 면담자가 무리 없이 합의에 이른다
면 다음 단계로 자연스럽게 진행할 수 있을 것이다. 그러나 만일 내
담자와 면담자 간의 시각의 차이가 존재하고 의제에 대한 합의가
원만하게 이루어지지 않는다면, 면담자의 숙련된 접근이 요구되며
동기면담의 정신과 핵심기술이 중요한 기여를 할 수 있다.

의제 설정의 전통적인 접근 전략은 의제도 작성하기와 의제 탐색
의 2단계 과정으로 생각해 볼 수 있다. 안내하기 전략이 이 두 과정
에서 모두 유용하며, 면담자는 내담자의 흥미와 꿈, 가치 등에 관심
을 갖고 접근한다. 의제를 설정할 때 내담자의 방향이 분명하다면

유발하기, 계획하기 단계로 진행해 나갈 것이다. 그러나 경우에 따라서는 내담자에게 의미 있고 가능성이 있는 다양한 방향에 대한 생각이 존재할 수 있다. 이때 내담자가 적극적으로 참여하는 가운데, 초점맞추기를 효과적으로 할 수 있도록 돕는 의제도 작성 도구를 활용할 수 있다.

(1) 의제도 작성

의제도 작성(agenda mapping)은 내담자가 머릿속에 산재된 여러 가능한 방향에 복잡하게 둘러싸여 혼란스러움을 느낄 경우 그중 하나의 주제에 초점을 두게 하고 나머지는 잠시 보류하도록 하는 전략이다. 이는 마치 가고자 하는 목적지를 찾기 위해 지도를 놓고 살피는 것과 같다. 의제도를 활용하여 여러 가능한 경유지를 선택할 수 있으며 선택한 안들을 보다 수월하게 탐색할 수 있다.

구체적으로 살펴보면, 우선 내담자가 논의하고 싶어 하는 모든 우려 사항을 이끌어 냄으로써 내담자의 의제도를 작성한다. 이때 각각의 의제에 관한 논의를 시작하는 것이 아니라, '오늘 이 시간을 어떻게 사용하면 좋을까요?'와 같은 질문으로 시작하는 것이 좋다. 나열된 우려 사항 중에서 중요하다고 생각하는 항목 한두 가지를 나열해 보게 한다. 이때 면담자는 공감적 반영을 사용하여 내담자의 생각을 재구성하면서 내담자의 내재된 생각이 무엇인지 탐색할 수 있도록 돕는다. 이어서 서로 다른 우려 사항이 어떻게 관련되는지에 대한 내담자의 생각을 탐색한다. '이 사안들을 살펴볼 때 어떤 주제가 떠오르시나요?' '이 모든 문제의 원인이 하나라고 한다면 어떤 생각이 떠오르나요?'와 같은 질문이 유용할 수 있다. 이러한 접근은 많은 문제를 하나의 근본적인 원인으로 요약하고 거기서부터 시작할 수 있도록 돕는다. 이때 면담자는 내담자의 우려들이 서로 어떻게 관련되는지, 내담자가 중요하게 생각하는 가치는 무엇인지에 대해 열린 마음으로 호기심을 갖고 대하는 것이 중요하다.

(2) 의제 탐색

내담자의 우려와 관심사가 여러 개 나열된 후 내담자로 하여금 우선순위를 정하도록 도와야 한다. 이때 '중요성은 크지만 도전이 되는 목표'를 우선하는 것보다 '중요성은 다소 덜하지만 성취 가능한 목표'를 우선 찾도록 격려하는 것이 나을 수 있다. 일단 작게 시작하는 것이 좋다. 예를 들어, 약물 사용 노숙자의 경우 약물 사용 문제를 먼저 다루기보다는 "좋습니다. 오늘은 ○○ 님의 거주지를 살펴보는 것이 최우선 과제네요. 약물 사용에 대해서는 다른 시간에 살펴보도록 하겠습니다."라는 방식의 접근이 나을 수 있다. 자신의 문제에 초점을 맞추지 못해 혼란에 빠져 있는 내담자라면 자신의 문제를 나열하는 것조차 어려워할 수 있으므로 내담자가 보다 덜 혼란스러운 상황에서 해당 문제(약물 사용)에 마주할 수 있도록 안내하는 게 도움이 된다.

의제에 초점을 맞추어 나가는 과정에서 안내하기 스타일의 사용은 내담자로 하여금 면담자에 대한 신뢰를 북돋을 수 있으며 처음에는 이야기하기를 거부했던 문제에 대해서도 더 이야기할 수 있도록 돕는다. 이러한 과정이 반복되면서 점점 내담자의 우선순위에 대한 의미를 알아 가게 될 것이다.

3) 초점맞추기와 세 가지 대화 스타일

초점맞추기 단계에서 세 가지 대화 스타일이 영향을 줄 수 있다.

면담자가 지시하기 스타일로 접근하는 경우 변화의 초점을 면담자가 정한다는 견지에서 접근한다. 이 경우 면담자는 변화목표를 설정하고 해결책도 강구하며, 그 성과까지도 고려해야 하는 부담감을 지니게 된다. 사안에 따라서는 지시적인 스타일이 초점맞추기를 촉진하는 경우도 있지만 대체적으로 내담자의 동기를 유발하는 데에는 한계가 있을 수 있다.

따라가기 스타일로 접근하는 경우 면담자는 내담자가 초점맞추기를 하도록 진행하고 내담자가 제시한 문제를 살펴본다. 관계형성에 비중을 두어야 하는 초기 단계에서는 따라가기 스타일이 도움이 될 수 있으나 시간이 지연될 수 있다는 점을 고려해야 한다.

안내하기 스타일로 접근하는 면담자는 동기면담적으로 접근하며, 내담자에게 내면을 탐색할 기회를 충분히 제공하면서 본인 스스로 가야 할 방향을 찾도록 지지와 격려를 한다. 이는 면담자가 변화대화에 집중하면서 내담자에게 인정과 칭찬, 격려를 제공하고 변화동기를 더 깊게 유발할 수 있도록 이끌어 가면서 결단에 이르도록 돕는 효과적인 접근이 될 수 있다.

3. 유발하기

유발하기(evoking) 단계는 변화에 대한 초점이 명확하게 확인되고

난 후 내담자의 변화동기를 극대화하여 변화준비도를 높여 가는 과정이다. 이때 면담자는 모든 사람에게는 변화를 주도할 능력과 잠재력이 있다는 신념을 갖는 것이 중요하다. 내담자가 찾은 변화목표를 놓고(필요하다면 우선순위를 정하여), 무엇을 어디서부터 어떻게 행동화할 것인지 내담자가 구체화해 갈 수 있도록 돕는 과정이다.

면담자는 이러한 구체적인 변화 내용들이 내담자의 입에서 나올 수 있도록 전략적으로 접근해야 하는데, 변화동기를 더 강하고 구체적으로 유발할 수 있도록 우선 변화대화를 알아채는 것이 중요하다. 면담자는 인식한 변화대화에 관심을 보이며 유발적 열린질문을 하고, 내담자가 기울여 온 노력과 어려움들에 대해 면담자가 인식한 것들을 요약해 주고, 긍정적인 점을 잘 알아차려서 인정해 주는 등 반영하기를 포함한 동기면담의 핵심기술들을 적재적소에서 적절히 활용해야 한다.

그 밖에도 척도질문 사용하기, 상세히 설명하도록 요청하는 질문하기, 가정질문하기, 양가감정 탐색을 위한 결정저울 사용하기, 가치관 탐색하기, 과거 성공경험 탐색하기 등을 활용할 수 있다.

1) 변화대화 알아채기

면담자는 내담자가 초점맞추기 과정을 통해 변화에 대한 필요성과 중요성을 어느 정도 인식했을 것이지만 여전히 양가감정이 존재함을 잘 인식해야 한다. 양가감정을 지닌 내담자는 변화대화와 유지대화를 함께 진술하게 되는데, 면담자는 서두르지 않고 변화

준비도를 알아채는 것이 중요하다.

내담자의 변화로의 여정을 예측하는 데는 언어에 담긴 변화대화와 유지대화의 비율이 중요하며, 내담자의 변화 의지가 분명해질수록 변화대화의 빈도가 늘어나고 유지대화의 빈도가 감소한다. 내담자의 변화준비도가 올라가는 경우에도 유지대화는 그 빈도가 줄어들 뿐 계속 나온다. Moyer는 "유지대화를 폭풍우 혹은 소음에 비유하고, 변화대화를 등대에 비유하면서 폭풍우와 소음을 제거하려 하지 말고 그냥 신호를 따라가라."라고 하였다. 즉, 내담자의 진술 속에 유지대화는 변화대화(등대)와 혼합되어 있으며, 내재된 양가감정의 표현으로 인정해야 함을 의미한다.

변화대화는 변화에 찬성하는 언어 표현으로 예비적 변화대화(DARN)인 바람(Desire), 능력(Ability), 이유(Reason), 필요(Need)에 대한 언어들이 있으며, 좀 더 확고한 변화에 대한 결단을 담은 표현인 활동적 변화대화(CAT)로 결단(Commitment), 활성화(Activation), 행동 실천(Taking steps)에 대한 언어들이 있다(제1장 참조).

2) 변화대화 유발하기

양가감정으로 갈등하던 내담자는 변화로 얻을 이익에 확신이 생길 때 양가감정에서 비로소 해소된다. 물론 여전히 전진과 후퇴를 겪을 수 있지만, 유발하기 단계는 이러한 과정에 있는 내담자를 보다 확실한 결단으로 이끌고 행동을 실천할 고지로 안내하는 전략적 초점이 중요해지는 단계이다.

이 과정에서 면담자는 내담자의 변화대화가 유발될 수 있도록 열린질문하기, 인정하기, 반영하기, 요약하기의 핵심기술을 적절히 사용할 수 있어야 한다.

유발적 질문은 변화대화를 불러일으키는 가장 직접적인 방법이다. DARN-CAT에 준해서 질문할 수 있는데, 예를 들어 '지금 상황이 이상적으로는 바뀐다면, 어떻게 되겠습니까?'(바람) '지금 당장 당신이 할 수 있는 것은 무엇일까요?'(능력) '~을 하면 어떤 점이 좋을까요?'(이유) '~은 당신에게 얼마나 중요한 의미인가요?'(필요)와 같은 질문을 할 수 있다. 중요성 질문에 이어 중요성-자신감 척도 질문(예: ~하는 것이 0~10 중 어느 정도에 해당 하나요?)도 유용하다. 그 밖에 가정해서 질문하기(예: 만약 복권에 당첨된다면~), 극단적 질문하기(예: 만약 ~할 때 상상되는 최고의 결과는 무엇인가요?), 과거 회상하기(예: 아무 문제가 없었던 때 당신은 어떠했나요?), 미래를 예측하기(예: 만약 당신이 이 변화를 했다면 5년 후 당신의 삶은 어떻게 될까요? 그렇지 않다면 어떻게 될까요?), 가치관 탐색하기 등이 변화대화를 유발하는 데 유용하다.

3) 변화대화에 반응하기

내담자에게서 유발된 변화대화를 들은 면담자는 어떻게 해야 하는가? 듣고 흘려 버린다면 내담자의 동기를 더 유발할 기회를 놓치게 된다. 변화대화에 반응하는 방법은 동기면담의 핵심기술을 활용함으로써 가능하다.

예를 들어, 내담자에게서 변화대화가 나오면 열린질문하기를 활용하여 그 부분에 대해 관심을 표명하면서 더 설명해 달라고 요청한다. 또한 변화대화에 대해 긍정적인 의견을 표명해 주거나, 드러난 내담자의 가치 및 속성들을 반영하면서 인정해 준다. 변화대화에 집중하여 경청하면서 단순반영 및 복합반영으로 반영해 주는 것은 내담자로 하여금 말을 계속 이어 가고, 보다 견고한 변화의 의지를 확인할 기회를 제공할 수 있다.

요약하기는 내담자의 변화대화를 중심으로 하여 반영적으로 요약해 주는 것으로, 어떤 변화대화를 요약에 포함할지 면담자가 선택해야 한다. 따라서 요약하기는 결코 쉽지 않은 과정인데, 면담자의 경청하는 능력이 중요한 요소다.

요약하기 과정을 통해 내담자는 자신이 말한 변화대화를 면담자의 말을 통해 다시 듣게 된다. 이는 내담자로 하여금 변화의 방향성을 다시 한번 확인하도록 해 줄 수 있으며, 내담자는 자신이 이해와 존중으로 수용받고 있다고 느끼면서 자신의 변화대화를 더 탐색하게 된다.

4. 계획하기

> "작게 생각하고, 목표는 되도록 작게 설정하고, 천천히 가라.
> 여전히 내담자가 주도한다."
>
> -Stephen R. Andrew-

내담자와 관계형성을 통해 신뢰를 구축하고 변화목표들을 확인한 후 그러한 목표를 왜 달성해야 하는지 그 이유와 동기를 충분히 찾았다면, 내담자는 이제 행동으로 이행하기 위한 준비가 되었을 것이다. 내담자가 어떻게 그 변화를 이루어 낼 것인가에 대해 계획을 세우는 과정에 함께하는 것이 계획하기(planning) 과정으로, 이 과정을 진행할 때 고려해야 할 몇 가지 사항들을 살펴보자.

1) 준비도 확인하기

계획 단계로 진행할 때는 내담자가 계획을 세울 준비가 되었는지 확인하는 것이 중요하며, 이를 확인하기 위해 내담자에게서 관찰할 수 있는 몇몇 **준비 신호**(signs of readiness)가 있다.

내담자의 변화대화가 늘고 유지대화가 줄어들며, 변화에 대한 질문이 늘고 미래에 관심을 보인다거나, 문제에 대한 논쟁이 감소하고, 이미 행동 실천이 이루어지고 있다면, 계획을 세울 준비가 되었다고 짐작해 볼 수 있다. 또한 면담자가 지금까지 나눈 대화에서 중요한 것들을 요약해 주거나 내담자에게 주요 부분에 대해 질문함으로써 확인할 수 있다. 면담자는 이러한 **변화준비도**를 잘 관찰하면서 내담자가 어느 지점에 다다랐는지 주의를 기울여야 한다.

계획하기 단계는 앞선 단계들에서와 마찬가지로 내담자의 자율성을 지지하면서 협동적으로 진행되어야 한다. 자칫 내담자가 준비가 되었다는 생각에 면담자가 주도권을 갖고 계획하기의 속도를 낼 수도 있는데, 면담자 주도로 계획을 세운다면 **내담자 주도**로 세운 계획에 비해 실천으로 이어질 확률이 낮아진다. 계획을 세우는 과정에서도 언제든지 양가감정과 다시 여러 대안을 살펴야 하는 걸림돌이 생겨날 수 있으며, 이를 풀어 갈 열쇠도 내담자에게 있다는 점을 주지해야 한다.

최근 Miller와 연구진은 계획하기를 유발하기의 한 과정으로 볼 수 있다고 설명한다. 이는 유발하기 단계가 '왜'와 '어떻게'가 충분히 논의되는 단계로, 사실상 변화계획에 대한 부분이 다루어지기 때문이다. 또한 계획하기 과정을 별개의 과정으로 볼 때, 면담자가 힘을 더 가질 개연성이 있어 자칫 협력의 균형을 잃을 수 있음을 주목하고 있다. 이에 『동기면담』 4판에서는 동기면담의 과정을 4단계가 아닌 관계형성하기, 초점맞추기, 유발하기의 3단계로 제안하는 것을 고려하는 중이다(Miller, 2021).

2) 변화계획 세우기

(1) 변화대화와 자기효능감의 중요성

면담자는 내담자의 변화대화 속에서 목표(예: 담배를 끊고 싶어요), 필요성(예: 건강을 회복해야 하니까요), 구체적인 전략(예: 우선 담배 양을 하루 10개비씩 줄여 나갈 생각이에요)이 담긴 표현을 경청할 수 있어야 한다. 이때 내담자의 실행 의도가 담긴 다양한 수준의 DARN-CAT 변화대화가 관찰될 수 있는데, 특별히 '~을 할 계획이고' '~하려고 준비하였고' '이미 ~을 해 보았다.'라는 식의 변화계획이 담긴 활동적 변화대화들은 구체적인 계획 세우기로 진행될 수 있는 가능성을 농후하게 보여 주는 진술들이다. 면담자는 계획하기 단계로 진행해 나가면서 이러한 변화계획이 담긴 진술들이 유발되도록 이끌어 가는 것이 중요하다.

또한 계획하기로 진행해 나가는 과정에서 함께 고려해야 할 것

은 내담자의 효능감(efficacy)인데, 이는 행동 실천에 대한 준비도
를 결정하는 중요한 하나의 축(중요성에 대한 인식과 함께)이기 때문
이다. 무엇보다도 내담자 본인이 '나는 할 수 있다.'는 자기효능감
(self-efficacy)을 갖는 것이 중요하다.

(2) SMART 기준으로 계획하기

계획단계에서는 변화목표의 달성 가능성을 높이기 위해 '어떤
행동'을 실천할 것인지를 구체적으로 상정하는 것이 필요하다. 여
기에 몇 가지 기준이 유용할 수 있는데 일명 SMART 기준이다.
S(Specific)는 '구체적인'으로, 실천할 행동이 '모호하지 않고 구체적
인가?'이다. 예를 들어, '건강 되찾는 행동' 보다는 '담배 끊기' 와 같
은 보다 구체적인 행동을 말하는 것이다.

M(Measurable)은 '측정 가능한'으로, 실천할 행동에 대한 양적,
시간적 목표를 정하는 것이다. '다음 일주일 동안은 담배를 하루에
10개비씩 줄이기' '매일 1시간씩 걷기'와 같은 식이다.

A(Attainable)는 '달성 가능한'으로, '과연 내담자가 실천할 수 있
는 행동인가?'에 대한 것이다. 무리한 기대치 설정(당장 내일부터 한
달간 술 끊기보다는 일주일 단주 성공하기)은 성공보다는 실패의 가능
성이 높을 수 있다.

R(Realistic)은 '현실적인가'로, 현실적으로 실천 가능한 행동, 즉
'목표 달성을 위해 선택한 그 행동이 시간적, 재정적으로 뒷받침이
되는 것인가?'다. 시간적, 재정적으로 감당하기 어려운 행동이라면
현실적으로 실행에 옮기기 어려울 것이다.

T(Time-bound)는 '시간제한적인'으로, 얼마간 그 행동을 실천해

보겠다고 정해 보는 것으로 단기적인 시도를 담을 수 있다.

3) 실천의지 강화하기

변화계획을 세운 뒤 이제 남은 과제는 계획을 실천하는 것으로, 중요한 것은 아무리 계획을 꼼꼼하게 세웠더라도 과연 그 계획을 실천할 의지가 있는가다.

실천의지의 강도는 변화대화를 경청하는 가운데 알아챌 수 있다. 실천의지를 담은 표현들로 '~할 계획입니다.' '~하려고 ~를 준비했어요.' '~하겠습니다. 약속합니다.'와 같은 활동적 변화대화(CAT)의 진술이 그 예이며, 이는 예비적 변화대화(DARN)보다 강한 의지가 담긴 진술들이다.

변화대화가 중요한 것은 그 진술 안에 목표 달성을 위한 실천의지뿐 아니라 어떻게 해 보겠다는 구체적인 실천 계획들이 함께 묻어 나오기 때문인데, 면담자는 활동적 변화대화를 경청하면서, 의지의 표명이 보다 구체적으로 진술되도록 핵심기술을 적절히 활용할 수 있어야 한다.

실천의지가 구체적으로 형성된 진술의 예로는 '일주일 동안 체중 1kg을 감량하려고요(총 10kg 감량 목표).' '오늘 친구를 만나더라도, 술은 절대로 안 먹을 겁니다(단주 목표).' '오늘부터 자기 전에 처방약을 꼭 먹을 겁니다(정신질환 재발 방지 목표).' 등이 있다. 이러한 구체적인 의지 표명을 이끌어 내기 위해, 면담자는 '체중 감량을 위해 다음 일주일 동안 무엇을 하실 건가요?' '주치의의 처방 중 오늘 당장 실행할 수 있는 것은 무엇인가요?'와 같은 유발적 열린질문을 활용하는 것이 도움이 된다.

한편, 내담자가 구체적인 계획을 세우고, 면담자의 유발 질문을 통해 내담자가 실천의지 표현에 접근해 나가더라도, 내담자가 결국 의지를 표명하지 않을 수 있다. 이때 면담자는 조급한 마음에 의지 표명을 강요한다거나 실패한 면담이라고 생각할 수 있는데, 면담자가 항상 중요하게 생각해야 할 것은 내담자의 **변화준비도**이며, 이는 가변적이라는 점을 잊어서는 안 된다. 변화에 대한 의지가 약하든 강하든지 간에 내담자가 표현한 실천의지가 담긴 표현들을 수용하고, 이러한 움직임들이 긍정적인 변화의 방향을 향해 나아가고 있음을 인정하는 것이 더 중요하다. 내담자가 스스로 행동할 준비가 충분하다고 느끼고, 의지가 있으며, 자신감이 있을 때 실천의지를 나타내는 진술은 나타나게 된다.

📝 참고문헌

DiClemente, C. C., & Velasquez, M. M. (2002). Motivational interviewing and the stages of change. *Motivational Interviewing: Preparing People for Change, 2*, 201-216.

Geller, J., & Drab, D. L. (1999). The readiness and motivation interview: a symptom-specific measure of readiness for change in the eating disorders. *European Eating Disorders Review: The Professional Journal of the Eating Disorders Association, 7*(4), 259-278.

Grimolizzi-Jensen, C. J. (2018). Organizational change: Effect of motivational interviewing on readiness to change. *Journal of*

Change Management, 18(1), 54-69.

Glynn, L. H., & Moyers, T. B. (2010). Chasing change talk: The clinician's role in evoking client language about change. Journal of Substance Abuse Treatment, 39(1), 65-70.

Lewis, T. F., Larson, M. F., & Korcuska, J. S. (2017). Strengthening the planning process of motivational interviewing using goal attainment scaling. Journal of Mental Health Counseling, 39(3), 195-210.

Miller, W. R., & Moyers, T. B. (2006). Eight stages in learning motivational interviewing. Journal of Teaching in the Addictions, 5(1), 3-17.

Miller, W. R., & Rose, G. S. (2009). Toward a theory of motivational interviewing. American Psychologist, 64(6), 527.

Miller, W. R., & Rollnick, S. (2013). Motivational interviewing: Helping people change. New York: The Guilford Press.

Romano, M., & Peters, L. (2016). Understanding the process of motivational interviewing: A review of the relational and technical hypotheses. Psychotherapy Research, 26(2), 220-240.

Spaeth, M., Bleich, S., & Hille macher, T. (2017). Motivational interviewing with alcohol-dependent patients. Fortschritte der Neurologie-psychiatrie, 85(9), 549-565.

제4장
동기면담의 기술

동기면담의 기술은 열린질문하기(Open-ended question: O), 인정하기(Affirmation: A), 반영적 경청(Reflective listening: R), 요약하기(Summarizing: S)로, 이러한 네 가지 기술은 OARS라는 약어로 불리고 있다(Miller & Rollnick, 2002; 2013). 다음의 내용은 『동기면담』 3판(2013)의 동기면담 기술에 작성된 내용을 대부분 참고하여 작성하였다.

1. 열린질문하기

1) 열린질문하기

열린질문하기는 내담자가 자신이 질문을 받은 내용에 관하여 생각하고 느끼는 것이라면 어떠한 내용이든지 자유롭게 이야기하도록 하는 기술이다. 이 기술은 내담자의 자율성을 강조하며, 대화를 진행하고자 하는 방향과 무관하게 답변하는 사람이 누구인지에 따라 자유롭게 이야기하도록 한다. 동기면담을 적용하고자 하는 면담자는 내담자에게 열린질문을 하고 내담자가 말한 바를 반영하게 되며, 이는 마치 왈츠를 출 때처럼 대체적으로 열린질문 한 번에 두 번의 반영하기를 '쿵짝짝'과 같은 방식으로 적용한다.

> "오늘 어떠한 이유로 오셨나요?"
> "일상생활에서 어떤 어려움을 겪고 있나요?"
> "지금부터 5년 동안 현재와 다른 삶을 산다면 어떻게 살고 싶으세요?"
> "당신은 지금의 삶에 대하여 어떻게 생각하나요?"
> "당신의 삶에서 가장 중요하다고 생각하는 다섯 가지는 무엇인가요?"
> "제가 어떻게 돕기를 원하나요?"

2) 닫힌질문하기

열린질문하기의 반대되는 기술은 닫힌질문하기이다. 이는 전형적으로 질문한 내용에 단답형으로 대답하도록 하고 답변하는 내담자에게 최소한의 자율성을 제공한다. 열린질문하기는 내담자가 특정한 주제의 대화에 참여하도록 하고 대화에 더욱 집중하도록 한다. 면담자가 열린질문하기와 반영하기를 많이 할수록 내담자는 자신에 대하여 더욱 고민하고 탐색한다. 내담자 중심적으로 열린질문하기와 반영하기를 연결해 적용할 때 보다 동기면담 기반의 의사소통이 되는 셈이다.

동기면담 기반의 의사소통 스타일이라고 생각할 수 있는 닫힌질문하기는 대화 과정 중에 사용하기보다 필요하다면 내담자와 의사소통한 내용을 요약한 후 그 내용을 점검할 때 사용할 수 있다. 예를 들어, "제가 혹시 놓친 것이 있나요?" 또는 계획하기 과정에서 "당신이 시도하고자 하는 방법이 이러한 것인가요?"라고 질문할 수 있다. 닫힌질문하기는 "금연할 수 있는 방법이 있다면 얼마나 좋을까요?"처럼 대상자의 생각을 알아낼 때 활용할 수 있다. 어떤 닫힌질문하기는 "사람들이 당신을 괴롭힌다고 느끼셨군요."처럼 반영과 유사하게 적용되기도 한다. 면담자가 최적의 질문을 선택하는 것은 상황, 면담자 역할, 담당하는 업무 등에 따라 다양할 수 있다. 닫힌질문하기는 특정 상황에 대한 정보를 구하는 것으로 그 예는 다음과 같다.

> "지금 어디에서 살고 계신가요?"
> "이렇게 느낀 지 얼마나 되었나요?"
> "얼마나 전화했나요?"
> "흡연하시나요?"
> "이것을 할 수 있다고 생각하세요?"
> "언제 술을 마지막으로 마셨나요?"
> "그렇게 불안감을 느낀 순간이 언제였나요?"

3) 다중 선택에 관한 질문하기

열린질문하기를 가장한 닫힌질문하기는 바로 다중 선택에 관한 질문하기로 열린질문을 사용해 대화를 시작하지만 내담자의 자율성을 제한하게 된다.

> "당신이 원하는 것은 무엇인가요? 남는 건가요? 떠나는 건가요?"
>
> "이 프로그램에서 빠지길 바라나요? 프로그램을 중단하길 바라나요?"
>
> "당신에게 있어 최선의 방법은 무엇이라고 생각합니까? 외래 방문인가요?
> 입원 치료인가요?"

4) 미사여구를 사용한 질문하기

다음은 미사여구를 사용한 질문하기로, 이러한 질문은 특정한 답변을 유도하기 때문에 열린질문으로 보기 어렵다.

> "당신이 _____를 하는 것이 좋을 거라고 생각합니까?"
>
> "당신에게 가족이 중요하지 않습니까?"
>
> "정말로 일하기를 원하지 않습니까? 정말 그렇습니까?"

관계형성하기 과정에서 여러 개의 닫힌질문하기를 연이어 적용하면 매우 치명적인 결과를 보일 수 있다. 이는 파트너십(협동적 관계)을 해치면서 특정 정보를 모으고 면담자가 전문가로서 역할을 하는 것에 더욱 관심을 두는 것처럼 보인다. 열린질문하기는 내담자에 대한 풍부한 정보를 제공할 뿐 아니라 면담자가 체크리스트를 작성하면서 놓치지 않으려고 점검하는 내용보다 더욱 중요한 것을 제공한다. 시간이 적든 그렇지 않든 면담자라면 내담자에게 열린질문하기 기술을 시도하는 것이 내담자의 생각을 탐색할 때 유용하다.

2. 인정하기

열린질문하기와 반영하기에 더하여 동기면담의 또 다른 핵심 기술은 **인정하기**(내담자의 긍정적인 면을 강조하기)이다. 인정하기는 내담자가 보이는 인간으로서의 내면적 가치 등을 포함한 긍정적 측면을 면담자가 알아봐 주는 것으로 지지하고 북돋는 것과도 같다. Carl Rogers는 이를 "일종의 있는 그대로 내담자를 사랑하는 것"이라는 긍정적 관계로 표현하였으며, 면담자는 이를 낭만적이며 소유하는 사랑이 아닌 아가페와 동등한 의미로서 이해하여야 한다.

인정하기는 두 가지 방식에서 공감과 밀접하게 관련이 있다. 첫째, 인정하기는 공감을 실천하는 것으로 내담자의 내면에 대한 정확한 이해를 구하는 것이며 본질적으로 내담자를 인정해 주는 표현이다. 예를 들어, "당신이 무엇이라고 말하든지 나는 당신을 존중합니다." "나는 당신이 생각하고 느끼는 바를 이해하기 원합니다." 등의 표현이 있다. 둘째, 인정하기는 진정성 있게 적용할 때 더욱 효과적이다. 면담자는 진정으로 내담자에게 진실한 마음을 갖고 다가가는 것이 필요하다. 그렇게 하기 위해서는 귀를 열어 경청하고 내담자를 진심으로 이해해야 한다. 왜냐하면 누구나 자신이 정확하게 알지 못하고 받아들이지 못하는 것은 정직하게 인정할 수 없기 때문이다.

인정하기는 관계를 형성하는 데 긍정적으로 기능하는 측면이 있다. 긍정성이 상호적이라는 면에서 관계형성하기(내담자와의 관계 맺기) 과정에서 인정하기는 더욱 큰 장점을 제공한다. 일반적으로 사람들은 함께 시간 보내는 것을 좋아하는 경향을 보이며, 서로에 관한 신뢰로 이야기를 듣고 자신의 장점을 알아봐 주면서 인정해 주는 이들에게 마음을 열게 된다. 내담자는 자신의 자아에 대한 이미지를 위협하는 정보에 맞닥뜨리더라도 자연스럽게 자신의 자율성과 강점을 자기 긍정의 방향으로 기울이며, 개인적 통합성(integrity)에 대한 위협도 줄이는 것처럼 보인다. 인정하기는 위협감을 주는 정보에 대한 개방성을 증가시키며, 특히 내담자에 대한 가능성을 인정하는 것은 직접적으로 변화를 촉진한다. 인정하기는 내담자의 모든 욕구를 인정하지 않으며, 강력한 기술을 시도하는 것이 절대적으로 필요하지 않다. 면담자는 내담자의 강점, 과거의 성공, 의미 있는 노력을 설명하도록 요청할 수 있으며, 이러한 자기 긍정적인 언급들은 내담자의 마음을 여는 데 도움이 될 수 있다.

무엇보다도 인정하기의 초점은 내담자에게 있다. 인정하기는 칭찬해 주기와 다르다. 칭찬해 주기는 긍정적인 측면에 대한 언급으로, 부정적인 면을 언급하면서 비난하는 것에 반대된다. 칭찬해 주기는 마치 면담자가 평가자로서의 위치에서 내담자를 판단하는 것과 같다. 이와 달리 인정하기는 내담자의 강점, 노력, 과거의 성공적 경험 등에 대한 긍정적 측면을 언어적으로 표현하는 것이다. 일반적으로 인정하기를 적용할 때 면담자는 '나'라는 말의 사용을 피해야 한다. 왜냐하면 나라는 용어의 사용은 내담자보다 면담자에게 집중할 수 있기 때문이다. 예를 들면, "나는 네가 자랑스럽다."라는 말은 의도도 좋고 심지어 잘 받아지는 말임에도 말하는 사람이 다소 과장하여 언급하는 말일 수 있다. 반영하기를 잘할 때와 마찬가지로 인정하기를 적용할 때도 '당신'이라는 말에 집중한다.

무엇인가를 인정해 준다는 말은 그 사람에 대해 긍정적으로 이야기하는 것으로 내담자의 긍정적인 면을 찾고 인식하고 알아봐 주어야 한다는 의미이다. 인정해 준다는 것은 상대방의 의도와 행동, 노력과 같은 구체적인 내용에 대한 근거를 찾고 언어적으로 표현할 수 있어야 한다.

> "당신은 이번 주에 아주 많이 노력했군요!"
> "당신이 기대한 대로 되지는 않았지만 시도한 자체가 아주 좋았어요."
> "이번 주에 당신의 불안에 관한 기록을 아주 자세히 작성해 오셨어요."
> "오늘 이렇게 여기에 와 주시고 심지어 일찍 오셔서 고맙습니다!"
> "이번 주에 당신은 일자리를 찾으려고 세 번 전화하는 노력을 하셨네요!"

또한 내담자의 행동이나 상황을 긍정적인 시각으로 재구성함으로서 인정하기를 할 수 있다. 전형적인 예는 불완전함에 대하여 낙담한 내담자에게 해 줄 수 있는 표현인 '절반이나 찬 유리잔'[1]이다.

> "당신은 계획을 지키지 못하고, 이번 주에 이틀을 음주했다는 점에 정말 기분이 나쁘고 계획한 대로 하지 못했다고 생각하는군요. 그래도 제가 생각한 점은 처음 상담을 시작한 때와 당신이 어느 정도는 달라졌다는 것입니다. 두 달 전만 해도 당신은 일주일 내내 술을 마셨는데, 하루에 10~12잔을 마셨어요. 이번 주에는 한 번은 한 잔, 또 다른 날은 두 잔을 마셨고, 다시 원래대로 돌아갔어요. 다른 말로 하면 당신은 이번 주 음주량을 96% 정도 줄였고, 결국은 술을 마시지 않겠다는 목표를 지키려 했다는 거예요. 이러한 점을 어떻게 생각합니까?"

---

1) 부정적 표현은 '절반이 빈 유리잔'이 된다.

인정하기의 또 다른 방법은 당신이 찾아낸 긍정적인 특성이나 기술에 대해 언급하는 것이다. 이는 일반적인 개인적 속성으로 구조화(또는 재구조화)하는 것으로 보다 특별한 긍정적 행동을 생각하도록 한다.

> "이번 주에 정말로 힘이 빠지고 낙심했을 텐데 다시 변화를 계획한 대로 돌아오셨네요. 당신은 변화하려는 의지가 있어 보입니다!"
> "이야기를 쭉 들으면서, 당신이 해 온 것처럼 저도 할 수 있을지 알 수 없네요. 당신은 진정으로 잘 해내려고 매 순간 잘 버티고 있군요."

인정하기는 특별하지 않을 수도 있으나, 내담자에 대해 넓은 의미에서의 보답으로 반영할 수도 있다.

> "잘 돌아오셨어요! 당신을 다시 보니까 반갑네요."
> "쉽지 않은 일을 끝까지 해내다니 당신은 대단하시네요."

동기면담의 모든 과정에서 면담자의 말에 내담자들이 어떻게 반응하고 있는지 내담자의 얼굴 표정을 보면서 이에 대해 반응하고 질문할 수 있다. 어떤 경우 인정하기가 매우 심각할 필요는 없다. 가벼운 마음으로 할 수도 있는데, 내담자에게 면담자의 진심 어린 칭찬, 인정, 긍정적 배려를 전달하는 최상의 방법을 찾는 것이 중요하다. 동기면담 정신의 측면에서 보면 면담자를 위한 인정하기의 경험적 요소는 내담자의 잘못된 점을 찾기보다는 잘하는 점을 찾아야 할 것이다. 이러한 면담자의 사고방식은 인정하기 기술을 적용하는 것이나 면담자의 행동 그 자체보다도 더욱 중요할 수 있다.

3. 반영하기

　반영하기(reflective listening)는 면담자가 내담자의 언어적 표현에
담긴 진정한 의도나 핵심 감정을 찾아낸 후 내담자에게 언어적으
로 되돌려주거나 공감을 표현하는 기술이다. 반영하기를 통하여
면담자는 내담자의 관점을 이해하고 내담자의 생각과 감정을 더
욱 명료히 할 수 있다. 반영하기는 내담자가 자신의 의도를 정확하
게 부호화하는 과정을 거쳐 언어적으로 표현하면 면담자는 내담자
가 표현한 내용을 들은 후 그 말속에 담긴 원래 말하고자 한 의도와
감정을 정확히 찾아내어 내담자에게 언어적으로 되돌려주는 것이
다. 반영하기는 내담자에게서 들은 문장 중 특정한 진술에 대하여
언어적 표현을 되돌려주기 위하여 새롭게 내담자가 의미한 내용을
표현하는 것으로 내담자의 변화목표를 다룰 때 변화의 방향성에
영향을 주게 된다.
　반영하기는 단순반영(simple reflection)과 복합반영(complex
reflection)으로 구분된다. 단순반영은 내담자의 이야기를 그대로
반복해 표현하거나 내담자가 이야기한 내용과 비슷한 언어나 다
른 용어를 사용해 재진술하는 형태이다. 단순반영은 '~라는 의
미로 들리는군요.' 또는 '~가 느껴지군요.'와 같은 언어적 표현을
사용하며 복합반영은 내담자가 말하는 내용의 숨겨진 의미와 감
정을 이해한 후 원래 내담자가 말한 내용에 새로운 의미나 감정,

양가감정을 추가하여 언어적으로 표현하는 형태이다. Miller와 Rollnick(2013)은 빙산의 이미지를 사용하여 단순반영과 복합반영을 설명하고 있으며, 내담자가 말한 내용 중 물 위의 빙산으로 보이는 것을 내담자에게 먼저 단순하게 반영하고 표면 아래에 있을 수 있는 내용을 다시 복합반영으로 반응하도록 안내하고 있다.

1) 단순반영

단순반영은 내담자에게서 들은 언어적 표현을 면담자가 그대로 이야기하는 것으로, 내담자가 말한 내용에 그 어떠한 의미도 더하지 않는 반응 기술이다. 대화 초반에 내담자의 이야기를 잘 들어 주고 있음을 보여 주는 단순반영은 대화가 진행되는 동안에 지나치게 지속해서 활용하면 내담자가 오히려 공감받고 있다는 느낌을 덜 느낄 수 있다.

> ● **단순반영의 예** ●
>
> 내담자: 요즘 기분이 좋지 않아요.
> 면담자: 기분이 좋지 않군요(반복).
> 면담자: 요즘 우울감을 느끼는군요(재진술).

2) 복합반영

복합반영은 내담자의 언어적 표현과 관련해 면담자가 어떤 의미와 강조되는 내용을 추가하는 언어적 반응으로, 내담자의 생각과 감정을 더욱 진전시키는 기술이다. 복합반영에서는 면담자가 비슷한 상황이나 대상에 빗댄 비유나 은유를 사용하거나 다소 과장되게 반응하면서 내담자가 말한 내용을 강조하는 방향으로 대화를 유도한다. 복합반영이 많아질수록 내담자는 자신에 대해 더욱 깊게 탐색하고 변화목표를 향해 나아갈 수 있다.

　면담자는 내담자가 한 말에 과장되게 반영할 때 '매우' '무척' '상당히' '꽤' 등과 같은 형용사를 추가하여 언어적으로 표현한다. 복합반영의 다른 형태는 양면반영으로 내담자가 말한 내용의 두 가지 상반된 측면, 즉 양가감정을 모두 언어적으로 반응하는 것이다. 또한 내담자가 표현한 상황을 이전과는 다른 측면으로 반영하거나 내담자가 말하지 않았던 감정을 표현하는 형태가 있다. 이러한 복합반영은 쉽지 않으나 꾸준한 연습을 통해 증진할 수 있다.

● **복합반영의 예** ●

• **내용을 추가하기**

　내담자: 요즘 기분이 좋지 않아요.

　면담자: 최근에 기분이 좋지 않은 일이 생겼군요.

• **비유나 은유 사용하기**

　내담자: 요즘 기분이 좋지 않아요.

　면담자: 헤어 나오기 어려운 독에 빠진 느낌이겠군요.

• **과장되게 말하기**

　내담자: 요즘 기분이 좋지 않아요.

　면담자: 상당히 우울하군요.

• 재구조화하기

　내담자: 정말 이렇게 해도 되나 싶어요. 무엇을 해도 기분이 좋지 않아요.

　면담자: 기분이 좋아지는 방법이 있다면 무엇이든 하고 싶군요.

• 표현되지 않은 감정을 언어화하기

　내담자: 저는 정말 뭐라고 할 말이 없어요. 남편이 몰래 도박장에 또 갔
　　　　더라고요.

　면담자: 남편에게 또 화가 났군요.

• 양면반영하기

　내담자: 요즘 무엇을 해도 잘 되지 않으니 다시 할 수 있을까 두려운 마
　　　　음이 들어요.

　면담자: 한편으로는 잘할 수 있을까 하는 마음도 들고 또 한편으로는 다
　　　　시 해야겠다는 마음이군요.

4. 요약하기

　요약하기는 내담자가 면담자에게 언급한 여러 가지 내용을 정리하는 것으로 일종의 반영하기로 볼 수 있으며, 동기면담 의사소통에서 필수적인 기술이다. 요약하기는 내담자가 표현했던 다양한 경험을 반영하고 그가 수용하도록 돕는 것으로, 내담자들은 자신의 경험에 관하여 면담자가 표현하는 것을 듣게 될 뿐만 아니라 그들이 말했던 내용에 관해 면담자가 반영하는 것을 듣고 계속 이야기하도록 격려한다. 이후에 내담자들은 면담자가 요약하기에서 주요 내용을 모았던 것처럼 자신의 문제를 다시 성찰할 수 있다.

내담자가 언급하는 많은 내용 중 무엇을 반영할 것인지 그리고 요약하기에 무엇을 포함할 것인지는 면담자의 판단에 따라야 한다. 반영하기와 요약하기는 내담자의 경험에 집중하고 좀 더 탐색하도록 돕는다. 면담자는 의식적이든지 의식적이지 않든지 내담자가 말하는 어떤 특정한 면에 주목하고 다른 면은 무시하게 된다.

요약하기에는 여러 형태가 있다.

첫 번째 수집하기 요약은 내담자에게 질문한 일련의 내용들을 회상하도록 하면서 관련된 내용을 수집하는 것이다. "1년 후 당신의 삶이 어떻게 바뀌었으며 좋겠습니까?"라는 열린질문을 한 후 면담자는 요약을 위한 주요 내용을 수집하기 시작한다. '그 외에' 내담자에게 면담을 마치기 전에 주요 내용에 더하도록 하는 신호를 보내는 것이다.

"그래서 지금부터 1년 안에 달라지기 원하는 당신의 바람은 당신이 좋은 직장을 갖는 것, 사람들과 관계를 갖는 것, 즐기는 것이네요. 당신은 최근 당신의 아이들과 더욱 긍정적인 관계를 유지해 오고 있고, 그게 지속적이길 원하네요. 당신은 금연 또한 원하고 있고요. 그 외에 당신이 지금부터 1년 안에 당신의 삶이 변화된다고 생각할 때 다른 무엇이 있나요?"

요약하기와 인정하기를 조합하는 다른 방법은 사람들에게 내담자의 장점과 변화를 위해서 내담자를 도와줄 수 있는 긍정적인 속성에 관하여 물어보는 것이다.

"자신에 대해 당신이 알고 있는 것은 완고하다는 것입니다. 당신은 한번 뭘 하기로 마음먹으면 꽤 잘 집중합니다. 스스로 가족을 잘 돌보는 사람이라고 말한 것처럼 당신은 그들을 보호하고 싶고, 분명히 그들에게 상처를 주고 싶지 않습니다. 물론 당신은 상냥한 사람이고, 저도 그렇게 생각합니다. 당신은 느긋하고 여러 사람과 함께할 수 있습니다. 당신이 가지고 있는 또 다른 장점은 무엇인가요?"

두 번째는 연결형 요약이다. 여기서 면담자는 내담자가 말한 것을 반영하고, 앞선 대화에서 기억하는 것 외에 다른 것들을 연결한다.

"그가 당신에게 다시 전화하지 않았을 때—그런 방식으로 무시해서— 당신은 진짜 상처받았고 화가 난다고 느꼈습니다. 나는 당신이 이전에 누군가 당신을 무시했을 때에 대해 이야기했던 것을 기억하고 있습니다. 그리고 그것이 당신을 진짜 열 받게 한다고 했던 것을 기억합니다."

"당신이 이번 주 매일 운동하고 있어서 정말 기뻤습니다. 그리고 심지어 달리기를 통해 기쁨을 얻기 시작했습니다. 당신이 온전히 스스로의 힘으로 산정상에 올랐을 때 어떻게 느꼈는지 궁금하군요."

세 번째는 전이형 요약이다. 중요하게 보이는 것을 모아서 회기를 마무리할 때나 무언가 새로운 것을 언급할 때 적용한다. 전이형 요약은 흔히 당신이 함께 묶어 내려고 하는 내용과 함께 언급한다.

"오늘 우리가 마치기 전에 당신에게 물어보려고 했던 몇 가지 질문이 있다고 했던 말을 기억하세요? 그러나 제가 그걸 말하기 전에 당신이 원했던 것을 제가 제대로 이해했는지 한번 봅시다. 저는 여기서 함께 당신을 도울 수 있어요. 당신은 지금 남편을 피해 당신과 아이들을 위한 음식과 안전한 집이 긴급하게 필요합니다. 또한 당신은 접근금지 명령을 얻기 위해 법적인 도움이 필요할 겁니다. 당신은 이미 일차 진료의사가 있지만. 아이들을 치과에 데려가고 싶어 하지요. 제가 놓친 것이 있나요?"

요약하기는 내담자가 제시했던 내용들을 끌어 모으는 것이다. 내담자가 말한 어떤 내용을 듣고 면담자가 즉각적으로 반응할 때 지속적인 탐색을 가능하게 한다. 그러나 내담자가 특정 시간 동안에 이야기해 온 내용을 주의 깊게 듣고 모아서 다시 들려 줄 때, 변화를 돕는 데 보다 강력한 기술이 될 수 있다. 요약하기는 사람들이 그들 자신의 경험을 여러 측면에서 들을 수 있도록 해 준다. 그리고 상당히 간결한 방식으로 이를 병렬해서 들을 수 있도록 한다. 효과적인 요약하기란 '전체적 그림'이라는 측면에서 보아야 한다. 즉, 각기 개별적인 조각처럼 보였던 부분을 한꺼번에 모으는 것이다. 이러한 조각은 내담자로부터 나오는 것이지만 요약하기에서 동시적 조합은 어떤 새로운 내용을 제공하게 된다.

마지막으로 양가형[2] 요약보다 더욱 명확한 것은 없다. 내담자는 변화가 가져오는 이점과 여러 가지 이유에 대해 이야기하고 있다. 그러나 유지대화나 양가감정도 동시에 표현한다. 양가적인 사람은

---

2) ambivalence, 양가감정이라고 번역할 수 있으며, 두 개 이상의 감정(가치)을 포함하는 형태이다.

흔히 딜레마에 대한 생각과 언어적 표현에서 양극단을 왔다 갔다
한다. 내담자가 언어적으로 변화에 대하여 표현했을 때 그 이유는
명확할 수 있으나, 현 상태를 유지하는 것의 이점을 차례로 촉발할
가능성도 있다. 양가감정에 대한 반영적 요약을 제공하면서 함축
된 의도나 감정 등 무언가를 더할 필요가 있다.

"이러한 관계는 진정으로 당신에게 무언가 강한 감정을 촉발하죠. 한편으로
당신은 그에게 끌려가고 있어요. 당신은 그와 같은 사람을 전혀 알지 못하
죠. 그는 당신에게 일어났던 어떤 일들과 다른 방식의 경험을 가지고 있어
요. 당신은 그에게 강한 결속감을 느끼고 있죠. 그도 당신을 이상한 방식으
로 이해하는 것 같아요. 동시에 그의 관점은 가끔씩 유별나 보이기도 하네
요. 그는 좀 외로워 보이네요. 따라서 당신의 우정은 그에게 중요하며, 당신
은 역시 그로 인해 힘겨움을 느끼는 것 같아요. 당신은 그에게 빠져들었고,
동시에 그로부터 벗어나려고 애쓰는 상황이에요. 이러한 상황은 사실과 같
으며, 당신은 이러한 관계에 대해 여전히 혼란스러운 상태에 빠져 있어요."

📝 참고문헌

Miller, W. R., & Rollnick, S. (2013). *Motivational interviewing: Helping
    people change*. New York: The Guilford Press.

Miller, W. R., & Rollnick, S. P. (2002). *Motivational interviewing:
    Preparing people for change*. New York: The Guilford Press.

제5장
자살예방과 동기면담

자살은 스스로 목숨을 끊는 행위를 말한다. 자살의 원인은 한 가지로 설명하기는 어려우며 매우 복합적이다. 자살의 원인은 환경적 원인, 생물학적 원인, 심리적 원인으로 분류할 수 있다. 이 중 심리적 원인은 동기면담을 적용 가능한 영역이다. 자살시도자는 사는 것에 대한 절망감에 휩싸여 죽을지 말지에 대한 양가감정을 표현한다. 동기면담은 변화에 대한 자신감을 북돋아서 행동 결단을 이끌어 내는 전략이라는 점에서 자살위험이 있는 내담자가 삶의 방향을 결정하도록 돕기 위한 상담 초반 전략으로 매우 유용하다.

이 장에서는 상담 초기에 자살위험이 있는 내담자의 자살예방서비스 참여율을 향상시키고자 하는 목적에서 동기면담 적용 방법을 소개한다. 자살위험이 있는 내담자의 자살사고를 감소시키는 구체적인 전략을 알고자 하는 독자는 강호엽과 조성희(2017)의 『자살예방실천현장에서의 동기면담』을 참고해 볼 것을 권한다.

1. 관계형성하기

자살예방현장에서 동기면담의 관계형성하기 단계는 내담자의 의제를 경청하면서 상호 신뢰관계를 형성하며, 자살위험성을 평가하는 단계다. 자살예방현장에서 관계형성은 특히 중요한데, 초기 면담 이후 자살예방기관의 서비스 동의율이 매우 낮기 때문이다. 미래에 대한 희망이 없고 자신이 무가치하다고 느끼는 내담자는 자살예방기관의 사후관리서비스에 참여할 만한 의지가 낮을 수 있다. 만약 내담자에게 서비스 참여 의지가 생겼더라도 다시 연락을 달라고 말하기보다는 내담자가 자살예방서비스를 제공받고 싶지 않은 이유를 존중해 주어야 한다. 이와 같은 돕고자 하는 자세가 관계형성에서 가장 중요하다.

면담자는 내담자와 동맹관계를 구축하기 위해 동기면담의 주요 기술을 활용하여 현재 상황에 대한 염려나 자살에 대한 이유를 경청하는 것부터 면담을 출발할 수 있다. 첫 질문은 "자살에 대해서 생각하게 된 이유는 무엇인가요?" "무엇 때문에 살고 싶지 않다는 생각이 들었나요?"라고 질문할 수 있다. 이와 같은 질문을 통해 내담자는 살고 싶지 않은 이유, 즉 유지대화를 표현하게 된다. 동기면담의 변화대화 유발에 익숙한 면담자는 변화대화를 이끌어 내는데 관심을 둘 수 있다. 하지만 초반 면담에서 섣부른 변화대화 유발은 오히려 유지대화를 역설적으로 유발할 수도 있다는 점을 명심해야 한다. 조급한 변화대화 유발보다는 내담자가 표현하는 의제에서 출발해서 경청과 반영을 충분히 하는 것이 필요하다.

하지만 다음 사례와 같이 유지대화를 지나치게 반영하거나 동의하는 것은 주의해야 한다. 내담자의 유지대화를 반영하는 것은 동기면담의 수용정신에 부합되지만 변화대화를 반영하는 동기면담의 주요전략과는 상충되기 때문이다. 다음의 사례에서 면담장면을 보면 내담자가 변화대화와 유지대화를 동시에 표현했지만 면담자는 변화대화를 반영하는 기회를 놓쳐 버렸으며, 유지대화에 관해 동의하였다. 그러자 내담자는 "이렇게 사느니 죽어 버리고 싶어요."라고 자살에 대한 욕구를 표현하였다. 이에 면담자가 살고자 하는 표현을 이끌어 내기 위해 조언을 하였지만 오히려 내담자는 삶과 죽음에서 죽음의 편에 서서 자살의 정당성을 더 주장하고 있다. 즉, 한쪽 편에서 논쟁하는 대화로 이어지게 된 것이다. 이 사례는 면담자가 유지대화만을 과도하게 반영하거나 동의하였을 때 나타날 수 있는 장면이다. 물론 동기면담은 변화대화를 이끌어 내기 위해 역설적으로 유지대화를 확대반영하는 전략을 사용하지만, 확대반영을 한 후 내담자가 자살의 이유를 더 강하게 내비친다면 대화의 방향을 틀거나 혹은 단순반영한 후에 유발적 질문으로 이어지는 것이 좋다. 초기 대화에서 내담자의 이야기를 반영하고 수용하되, 유지대화에 동의하거나 지나치게 반영하기보다는 내담자가 처한 현재 상황에 대해 단순반영을 활용하여 경청하는 것이 유용하다. 특히 내담자와의 대화 속에서 변화대화를 놓치지 말고 더 자세히 말할 수 있도록 하는 것이 삶과 죽음에 대한 양가감정을 해소하고 삶의 동기를 증진시키는 방법이다.

예 **'과도한 유지대화 반영' 사례**

내담자: 회사에서 상사가 너무 괴롭혀서 힘드네요. 사소한 것까지도 잔소리
    를 해요. 심지어는 동료들 앞에서 제게 제대로 하는 것이 하나도 없
    다며 망신을 주네요. 정말 미쳐 버리겠어요. 살고 싶지가 않네요.

면담자: 모든 것이 절망적이고 자살만이 대안이군요. **(과도한 유지대화 반영)**

내담자: 네. 저도 상사와 관계를 좋게 만들기 위해서 노력을 많이 했거든요.
    그런데 쉽지가 않네요. 제가 무엇을 잘못했는지 모르겠어요. 지금
    회사를 또 그만두면 저는 이제 회사생활을 잘 해낼 자신이 없어요.
    그냥 죽어 버리고 싶어요. **(내담자의 언어에서 유지대화와 변화대화**
    표현)

면담자: 죽는 것만이 대안이라고 생각하시는군요. 저 같아도 힘들 것 같네
    요. **(유지대화, 동의하기)**

내담자: 이렇게 사느니 죽어 버리고 싶네요.

면담자: 왜 그렇게 생각하세요. 가족들 생각하시고 힘내셔야죠. **(조언)**

내담자: 저 같은 놈이랑 살아서 가족들이 더 힘들 거예요.

면담자: 죽으면 가족들이 얼마나 힘들겠어요. 살려고 노력하셔야죠. **(조언)**

내담자: 아니요. 저 같은 쓰레기는 없어지는 게 나아요.

관계형성하기 과정에서 또 하나의 과업은 내담자의 자살에 대한
이유를 경청하는 과정 속에서 자살위험성을 평가하는 것이다. 내
담자의 자살위험요인을 발견하고 그 위험수준을 평가하는 과정은
자살예방에서 중요한 임상기술이다. 종종 내담자의 삶의 이유가
분명하게 표현된다고 해서 자살위험성을 간과하는 경우가 있다.
만약 내담자가 충동적인 자살시도를 해 왔으며, 그 자살촉발요인

이 여전히 존재하는 상태라면 언제든지 다시금 자살위험에 노출될 수 있을 것이다. 따라서 관계형성하기 과정은 내담자의 자살위험 요인이 무엇인지, 자살로부터 보호하는 요인이 무엇인지를 찾아내는 과정이 필요하며 자살위험성에 따라서 면담의 초점이 고려되어야 한다.

한편, 자살위험 평가에만 초점을 두는 '평가함정' 및 '조급하게 초점맞추기 함정'에 빠지거나 자살위험성을 너무 과도하게 평가하는 것은 주의해야 한다. 자살위기대응 프로토콜에 충실한 면담자는 자살위험성을 정확하게 평가하는 것이 위기개입을 잘 완수하는 것이라고 여기고 내담자의 의제보다는 자살위험성을 평가하는 질문만을 충실하게 수행할지도 모른다. 이런 경우 내담자는 자신의 의제보다 면담자의 임상적 정보가 더 중요하다고 느끼게 될 것이며 이는 관계형성에 방해요인이 될 수 있다. 또한 자살위험성을 너무 과도하게 평가하는 것도 관계형성을 저해할 수 있다. 내담자가 취업이 되지 않아 '미래에 대한 희망이 없다.'라고 표현했지만, 취업에 대한 의지가 분명하다면 변화 가능성은 매우 희망적이다. 그런데 자살에 대한 생각이 있으므로 혹시 모를 자살시도를 예방하기 위해 입원치료와 같은 당장의 보호조치와 정신과적인 치료에만 초점을 둔다면 이 내담자는 자신의 문제를 해결하는 데 초점을 두지 않는 면담자의 태도에 회의감을 느끼고 더는 상담을 받으려 하지 않을지도 모른다. 따라서 자살위험요인과 함께 보호요인도 평가하여 면담의 초점을 맞추어야 한다. 자살위험요인을 평가하는 과정에서 표현되는 내담자의 삶의 이유를 놓치지 않고 반영해 주어야 하며, 이 보호요인의 강도가 어느 정도인지 척도질문을 통해 평가할 수 있다.

예 **관계형성하기 예**

면담자: 무엇 때문에 당신이 자살에 대해 생각하게 되었는지 이야기를 나누고 싶네요. 어떻게 생각하세요? **(사전 허락구하기)**

내담자: 네, 괜찮습니다.

면담자: 어떻게 해서 자살을 생각하시게 되었는지 궁금하네요. **(열린질문하기)**

내담자: 취업도 되질 않고 당장 생계를 유지하는 게 너무 힘들었어요. 사는게 너무 힘들어 매일 술을 마시며 지내 왔죠. 갑자기 삶에 대한 허무한 생각이 들어서 동네 슈퍼에서 번개탄을 구매했어요. 번개탄을 피웠는데 여관주인이 발견하고 신고를 해서 여기까지 오게 되었네요.

면담자: 생계유지와 취업 고민이 자살로 이어지게 된 거군요. **(반영하기)**

내담자: 네. 이런 답답함을 이야기할 사람이 없었어요. 월세는 밀려 있고, 일은 하고 싶지만 취업은 잘 안 되고…… 가족들이 알면 걱정하니까 말을 하지도 못했어요.

면담자: 생계적인 고민이 많으셨네요. 가족들이 걱정할까 봐 도움을 요청하기도 힘드셨겠어요. **(반영하기)**

내담자: 네. 가족들에게 미안한 마음이 크죠. 돈을 번다고 무작정 타지에 올라왔지만, 뜻대로 잘 풀리지 않았어요. 우울증이 심해지는 거 같아서 정신과 병원에서 치료를 받아 왔는데 약을 먹어도 달라지는 게 없었어요. 거의 매일 술을 마시며 지내 왔죠. 친구들하고도 연락도 안 하게 되고 이야기할 사람이 아무도 없었어요.

면담자: 매일 혼자 술로써 버텨 오셨군요. 한편으로 변화를 위해 치료를 받는 노력도 기꺼이 시도해 보셨고요. **(반영하기, 인정하기)**

내담자: 네. 나름대로 노력을 많이 했어요. 제가 원래 술을 많이 마시는 사람

은 아니거든요. 취업을 하려고 해도 일용직 말고는 일할 곳이 없더군요. 제가 어떻게 해야 할지 잘 모르겠어요. 늘 걱정하시는 어머니를 생각하면 너무나 마음이 아프고 힘을 내 봐야지 하다가도 한 번씩 무너져 버리네요.

면담자: ○○ 님에게 어머니는 당신을 지탱하는 중요한 분이시군요. **(반영하기)**

내담자: 네. 어머니는 저의 삶의 이유죠. 아버지가 일찍 돌아가시고 어릴 적부터 힘들게 저를 키워 오시면서 고생을 많이 해 오셨거든요. 어머니를 생각하면 늘 마음이 아파요. 잘해 드리고 싶은데……. **(삶의 이유 탐색)**

면담자: ○○ 님은 일자리를 구하기 위해 이곳까지 오게 되었으나 막상 뜻대로 일이 풀리지 않으셨어요. 답답하고 우울한 심정을 매일같이 술을 마시며 지내 오셨죠. 한편으로 어머니를 생각할 때면 이겨 내야 한다는 생각을 가지셨죠. 우울증 치료를 받으셨고 구직준비도 여러 번 시도하셨어요. 제가 잘 들었나요? **(요약하기)**

내담자: 네. 맞아요. 어머니를 생각해서라도 힘을 내야 하는데…… 일자리만 해결이 되면 좋겠어요.

면담자: 마음속 이야기를 꺼내시기 힘드셨을 텐데 감사드립니다. 몇 가지 궁금한 정보가 있는데 여쭤 봐도 괜찮을까요? **(인정하기, 사전 허락구하기)**

출처: 강호엽, 조성희(2017).

2. 초점맞추기

자살예방을 위한 동기면담에서 초점맞추기는 매우 어렵다. '금주'와 같은 분명한 욕구를 표현하는 내담자가 있는 반면에, 절망감에 휩싸여 살고 싶지 않다는 말만을 되풀이하는 내담자가 상당수이기 때문이다. 즉, 자살예방현장에서 내담자는 불분명한 초점을 가진 사례가 많다. 따라서 큰 맥락에서 자살위험이 있는 내담자의 상담 초점은 내담자가 자살하지 않겠다는 결단을 만들어 내는 것이며, 세부적으로는 자살을 예방할 수 있는 심리적·사회적 행동계획에 초점을 둘 수 있다.

초점맞추기를 위해 면담자는 내담자가 표현한 변화 욕구를 요약하는 것부터 출발할 수 있다.

> "당신의 이야기를 요약해 보면, 당신은 현재 고통스러운 삶을 견뎌내기 위해 당신을 지지해 줄 수 있는 사람을 만들고 싶어 하시죠. 그리고 직장 내에서 대인관계가 좀 더 나아지길 바라고 있고요. 제가 잘 들었나요?"

이와 같이 내담자의 욕구를 요약하는 것이 도움이 된다. 그런 다음에는 자연스럽게 내담자의 욕구를 실현할 수 있는 방법들을 토론하는 과정으로 면담의 방향을 설정할 수 있다.

> "괜찮으시다면 우리가 이번 시간에 당신이 대인관계를 발전시킬 수 있는 방법에 대해서 대화를 나누어 보는 건 어떠신지요?"

이와 같은 질문을 통해 내담자와 합의된 면담 초점을 설정할 수 있다.

하지만 여전히 살고 싶지 않다는 말만을 되풀이할 수도 있다. 미래에 대한 희망이 비관적인 내담자는 변화를 할 만한 의지가 낮을 수 있으며, 변화를 시도한다고 하더라도 삶의 고통과 또 다시 마주하게 되면 늘 그랬던 것처럼 좌절하게 될 것이라고 여길 수 있다. 따라서 변화에 대한 의지가 매우 낮은 불분명한 초점을 가진 내담자라면 초점맞추기 이전에 유발하기가 먼저 진행될 수도 있다. 이때 동기면담에서 유용한 전략은 가치관 탐색, 다양한 의제를 탐색하기, 변화 방향에 대하여 상담사가 정보교환하기를 할 수 있다. 만약 내담자가 면담 의제를 정하지 못한다면, 면담자가 의제를 설정할 수 있다. 내담자의 변화에 대한 자기효능감이 많이 소실되어 있는 상태라면, 당장 큰 행동 변화를 이루기 위한 초점맞추기보다는 '지역사회서비스 도움받기'를 의제로 설정하고 도움이 될 만한 지역사회 자원을 함께 탐색해 볼 수 있다. 분명한 점은 당장 내담자가 삶의 결단을 표현되지 않고, 변화에 대한 의제를 표현하지 못하더라도 내담자가 자살예방기관의 서비스에 참여한다는 것은 중ㆍ장기적인 관점에서 행동 변화를 이끌어 낼 가능성을 높여 줄 것이다.

3. 유발하기

유발하기 과정의 과업은 내담자가 변화에 대한 표현을 더 말하도록 하여, 유지대화보다 변화대화의 양을 높여 감으로써 삶과 죽음에 대한 양가감정을 해결하는 것이다. 과업 달성을 위해서는 내담자의 변화대화를 잘 반영하고, 질문하는 것부터 시작할 수 있다. 동기면담은 내담자의 변화와 관련된 언어를 변화에 대한 욕구, 능력, 이유, 바람으로 세분화하여 제시하고 있다.

예를 들자면, "살고 싶네요(욕구)." "살기 위해 노력해야죠(능력)." "~때문에 살아야 해요(이유)." "반드시 이겨낼 거예요(필요)." 등의 언어가 나타난다면, 다음과 같이 내담자의 변화 이유를 짧게 요약하여 반영을 할 수 있다.

"당신은 ~이 필요하군요."

혹은 다음과 같이 질문함으로써 변화대화를 더 말할 수 있도록 촉진할 수 있다.

"무엇 때문에 ~이 필요하신가요?"
"~을 말씀하셨는데, 조금 더 자세히 말씀해 주시겠어요?"

유지대화의 양이 점차 감소하고 변화대화의 양이 더 증가하여 변화목표의 방향이 분명해졌다면 활동적 변화대화를 이끌어 내는 열린질문을 활용하는 것이 유용하다(예: 다음 단계를 위해 어떻게 첫발을 내딛을 건가요?).

이와 같은 유발적 질문을 통해 내담자는 자신의 변화에 대한 이유를 더 말하게 되고, 자신이 말한 변화 이유를 다시 한번 통찰하게 됨으로써 변화의 중요성을 더 인식할 수 있게 되는 것이다.

만약 내담자가 변화대화를 표현하지 않는다면 어떻게 할 것인가? 종종 절망감에 압도되어 있는 내담자의 경우는 변화대화를 표현하는 것이 쉽지 않다. 이때는 면담자가 의도적으로 변화대화를 유발하는 질문을 해야 한다. 도움이 될 만한 질문은 척도질문이다 (강호엽, 이현주, 2017a; 강호엽, 이현주, 2017b; 강호엽, 조성희, 2017).

"0점에서 10점 사이에서 '전혀 중요하지 않다'는 0, '매우 중요하다' 10이라고 할 때 지금 당신에게 산다는 것은 얼마나 중요한가요?"

만약 내담자가 5점이라고 답한다면 다음과 같이 질문할 수 있다.

"4점(더 낮은 점수)이 아니라 5점(높은 점수)을 선택하신 이유가 무엇인가요?"

이 질문을 통해 내담자는 4점이 아니라 5점을 선택한 이유, 즉 변화대화를 말하게 되는 것이다. 면담자는 이를 놓치지 말고 내담자의 변화대화를 반영하고, 더 말할 수 있도록 질문해야 한다.

예 척도를 활용한 유발적 질문

면담자: 당신에게 질문이 있어요. 0점에서 10점 사이에서 '전혀 중요하지 않다'는 0점, '매우 중요하다'는 10점이라고 할 때 지금 당신에게 산다는 것은 얼마나 중요한가요? (**척도질문**)

내담자: 6점이요.

면담자: 5점이 아니라 6점을 고른 이유는 무엇인가요? (**유발적 질문**)

내담자: 음…… 그래도 제가 이곳에 오기 전까지는 잘 지냈었거든요. 이곳에 와서 취업이 안 되고 이야기할 사람이 없으니까 외로움이 커진 것 같아요. **(변화대화 표현)**

면담자: 대화를 나눌 사람이 필요하셨군요. 취업도 절실하셨고요. **(반영하기)**

내담자: 네. 고향에 있을 때는 이야기할 친구들도 있었고, 보수가 많지는 않았지만 직장도 다니고 있었거든요. 그런데 지금은 이렇게 돈을 벌겠다는 생각만 가지고 이곳에 와서 직장도 구하지 못하고 인생이 엉망이 되어 버렸으니. 모든 게 무너지는 심정이에요.

면담자: 동시에 ○○ 님은 문제가 해결될 수 있다면 삶이 좋아질 거라고 생각하시는군요. **(반영하기)**

내담자: 네, 안 그렇겠어요? 누가 자기 목숨을 끊고 싶겠어요. 상황만 좋아진다면 저도 행복하게 살고 싶죠.

출처: 강호엽, 조성희(2017).

또 다른 유용한 질문은 가상적 질문하기이다. 파산신고를 한 내담자, 암을 선고받은 내담자와 같이 심각한 경제적 문제나 건강 문제로 인해 미래에 대한 절망감을 느끼고 있는 내담자는 현실적인 상황에서 문제해결 방안이 표현되기 어려울 수 있다. 따라서 척도질문을 하면 0점이라고 표현할 가능성이 있다. 그러므로 현실의 절망감이 너무 크다면, 상상을 통한 가상적인 상황 안에서 변화대화의 실마리를 찾아보는 것이 좋다. 예를 들어, 다음과 같이 질문할 수 있다.

"내일 기적이 일어난다면 어떤 일이 벌어져 있을까요?"

"당신의 따님이 당신 앞에 와있다고 상상해 본다면, 당신에게 어떤 말을 해 줄 것 같나요?"

마주한 현실의 고통에서 벗어나 보다 편안한 가상공간에서 대화하기 때문에 변화대화가 표현될 가능성이 높일 수 있다. 저자의 현장에서 사업이 부도가 나서 파산신고를 받고 심지어 암 판정까지 받게 되자 자살을 결심한 내담자가 있었지만, 고향에 두고 온 어린 딸의 그리움이 살고자 하는 결단을 만들어 자살을 예방한 경험이 있다.

면담자의 전문성을 근거로 현재 상황에서 도움이 될 정보를 제공하는 것이 필요한 순간이 있다. 이런 경우는 면담자의 일방적인 조언이나 충고가 아니라 동기면담의 '정보교환하기' 기술을 활용하여 필요한 정보를 제공해야 한다. 다음의 사례는 '정보교환하기'를 활용하여 입원을 권하는 면담장면이다.

70세 독거노인이 보건복지부 콜센터 129로부터 의뢰되어 방문상담을 실시하였다. 평가지 작성은 거부하여서 면담을 통하여 자살위험성을 평가한 후, 자살시도력이 있으며 구체적인 자살 방법을 생각해 놓은 상황으로 자살위험이 매우 우려되어 입원치료를 제안하는 사례이다.

예 입원에 대한 정보제공 사례

면담자: 지금까지 말씀하신 내용을 정리해 보지요. 현재 아드님의 채무로 인해서 생계를 유지하는 것도 힘드신 상황이시고요. 무엇보다 공황장애가 심해져서 바깥에 나가기도 어려워하시죠. 이 때문에 자살충동

이 매일같이 들고, 잠을 자기도 힘드시지요. 제가 잘 들었나요? **(요약하기)**

내담자: 네.

면담자: 제가 제안을 하나 드려도 괜찮을까요? **(사전 허락구하기)**

내담자: 네, 말씀하세요.

면담자: 우선, 생계적인 문제에 대해서는 주민생활복지과에 의뢰를 해 드릴 수 있어요. 최근에도 ○○ 님과 상황이 비슷한 분이 계셨는데, 주민생활복지과에서 긴급생계비를 지원한 적이 있었지요. 아마도 지금 같은 상황에서도 그 자원을 활용하시면 도움이 될 것 같아요. **(1차적으로 내담자의 의제에 대한 정보제공을 함)**

내담자: 네, 감사합니다.

면담자: 그리고 두 번째 문제는 ○○ 님께서 매일같이 악몽에 시달리고, 하루에도 몇 번씩 자살충동이 든다는 점이에요. 혹시 이 점에 대해서 고민해 본 적이 있으신가요? **(이끌어내기)**

내담자: 네. 한 번은 내가 이러다가 정말 자살할 수도 있겠다는 생각이 들어서 새벽에 택시를 잡아서 응급실에 가서 잔 적이 있었어요.

면담자: 위험할 수 있는 상황에 미리 대처하셨군요. **(인정하기)**

내담자: 네, 맞아요. 공황장애가 심해지려고 하면 자살충동이 많이 들어요. 그래서 미리 안전한 장소로 가서 있어요.

면담자: 좋은 방법이군요. **(인정하기)**

내담자: 네. 이런 일이 많다 보니 나름대로 대처하는 방법들이 생기더군요.

면담자: 잘하고 계세요. 오늘도 자살충동이 들 수 있겠다고 하셨는데, 어떻게 대처하면 될까요? **(인정하기, 이끌어내기)**

내담자: 글쎄요. 일단은 제가 선생님을 만나서 이야기하고 나니 좀 편해지긴

했어요. 그런데 선생님이 가고 나면 다시 불안해질 것 같아요. 어떡
해야 하죠?

면담자: 그렇군요. 두 가지 방법을 제안해 드리고 싶네요. 한 가지는 ○○ 님
이 지난번에 응급실에 내원하셔서 위기를 극복하셨던 것처럼 자의
로 입원하는 방법입니다. 다른 한 가지 방법은 조금은 멀리 계시지
만, 가족 분에게 제가 연락을 해서 오늘 함께 계시는 방법이 떠오르
네요. 어떠신가요? **(정보제공하기)**

내담자: 음…… 글쎄요. 이제 가족들은 부르고 싶지가 않아요. 그리고 부른
다고 오지도 않을 거예요.

면담자: 그렇군요. 선택은 ○○ 님의 몫입니다. 그렇다면 처음 제안한 방법
은 어떠신가요? **(이끌어내기)**

내담자: 입원을 하면 치료비가 들잖아요.

면담자: 치료비가 걱정되셨군요. 치료비는 저희 기관에서 지원할 수 있는 지
원금이 있습니다. 이 자원을 이용할 수 있습니다. 무엇보다 ○○ 님의
안전이 우선이니까 ○○ 님의 안전을 위한 방법을 고민하셨으면 좋
겠습니다. **(정보제공하기)**

내담자: 음…… 감사합니다. 그러면 병원은 어디로 데리고 가실 건가요?

4. 계획하기

　자살예방을 위한 동기면담에서 계획하기 과정의 과업은 자살을
예방하기 위한 구체적인 행동계획을 세우는 것이다. 자기결정이
론에 따르면 인간은 자율성을 가지고 행위를 결정할 때 내적 동기

〈표 5-1〉 변화계획서 예

변화계획서 작성하기

나의 시작 계획

내가 만들고자 하는 변화들:

_____
_____
_____
_____

이러한 변화들이 내게 중요한 이유는:

_____
_____
_____
_____
_____

나는 이러한 단계들을 (무엇을, 어디서, 언제, 어떻게) 시작할 계획이다:

_____
_____
_____
_____

만약 이것이 방해를 받는다면: 이것을 시도한다:

_____   _____
_____   _____
_____   _____
_____   _____

출처: Naar & Safren (2017).

〈표 5-2〉 안전계획 예

안전계획

1. 경고신호(내가 이 안전계획을 사용할 때):

☐ 잠든 다음 깨어나고 싶지 않다.

☐ 자해하고 싶다.

☐ '더 이상은 어떻게 할 수 없어.'라고 생각한다.

2. 대처전략(스스로 해 볼 수 있는 것):

☐ 록 음악을 듣는다.

☐ 흔들의자에 앉는다.

☐ 산책을 한다.

☐ 호흡을 조절한다.

☐ 따뜻한 물이나 찬물로 샤워를 한다.

☐ 운동을 한다.

3. 타인과의 접촉

☐ 기분 전환을 위해 친구에게 전화한다: _____

만약 효과가 없다면 아래의 다른 사람에게 내가 위기에 처해 있고 도움이 필요하다고 말할 것이다.

☐ 가족에게 전화를 한다: _____

☐ 그 외의 다른 사람에게 전화나 이야기를 한다: _____

4. 업무시간에 정신건강 전문가와 접촉한다.

☐ 나의 치료자에게 전화한다: _____

☐ 나의 정신과 의사에게 전화한다: _____

☐ 나의 사례관리자에게 전화한다: _____

아래 기관이나 서비스는 연중무휴로 연락할 수 있다.

☐ 정신과 응급실: _____

☐ 한국생명의전화로 전화한다: 1588-9191

☐ 정신건강위기상담 전화로 전화한다: 1577-0199

내담자 서명: _____ 날짜: _____

면담자 서명: _____ 날짜: _____

출처: Wenzel, Brown, & Beck (2009).

가 높아진다. 따라서 행동계획을 세우는 과정은 내담자의 자율성을 지지하면서 내담자가 주도적으로 계획을 세울 수 있도록 도와야 한다. 이 과정에서 면담자의 전문성도 중요한 자원이 된다. 자살예방에 효과성이 입증된 전략은 인지행동치료, 변증법적 행동치료, 약물치료, 지지자원 늘리기, 사례관리서비스, 안전계획 등이 있다. 특히 자살예방을 위한 안전계획은 반드시 시행해야 한다. 안전계획은 만일의 자살시도를 예방하기 위한 최소한의 안전조치이다. 상담사는 안전계획을 포함한 근거기반 자살예방 전략들을 행동계획안에 포함될 수 있도록 정보를 제공해 주어야 한다.

내담자의 자율성을 이끌어 내면서도 필요한 정보를 제공하는 데 동기면담의 정보교환하기 기술이 유용하다. 정보교환은 내담자가 이미 알고 있는 정보를 이끌어 내는 것을 우선한다. 내담자가 고려해 본 방법들을 표현한다면 충분한 지지와 인정을 해 주어야 한다. 하지만 내담자도 고려하지 못한 방법이 있을 수 있다. 그리고 그 방법이 자살예방에서 반드시 필요한 전략이라면 면담자는 정보를 제공해 주어야 한다. 정보를 제공할 때는 짧게 제공하고 제공한 정보에 대한 의견을 내담자에게 물어보면서 다시 정보를 제공한다. 이를 점검하기라고 부른다. 최종적으로 정보제공에 대한 의견을 물어보면서 제공한 정보에 대한 내담자의 해석을 이끌어 내는 것이 중요하다. 정보를 받아들일 것인지 말 것인지의 최종 결정권자는 내담자이기 때문이다.

📝 참고문헌

강호엽, 이현주(2017a). 동기면담프로그램이 자살시도자의 자기효능감과
　　　자살사고에 미치는 효과. 정신건강과 사회복지, 45(1), 116-143.
강호엽, 이현주(2017b). 자살예방을 위한 동기증진 인지행동프로그램이
　　　자살시도자에게 미치는 효과에 대한 예비연구. 정신건강과 사회복지,
　　　45(4), 139-165.
강호엽, 조성희(2017). 자살예방실천현장에서의 동기면담. 서울: 학지사.

Naar, S., & Safren, S. A. (2017). *Motivational Interviewing and CBT:
　　　Combining Strategies for Maximum Effectiveness*. New York: The
　　　Guilford Press.
Wenzel, A., Brown, G. K., & Beck, A. T. (2012). 자살환자의 인지치료.
　　　[*Cognitive therapy for suicidal patients: Scientific and clinical
　　　applications*]. (김학렬, 김정호 공역). 서울: 학지사. (원저는 2009년에
　　　출판).

제6장
조현병과 동기면담

조현병은 망상, 환각, 와해된 사고, 극도로 와해된 또는 긴장성 행동, 음성증상 중에 2개 이상이 존재하고 이로 인해 직업 및 사회적 기능에 심각한 손상을 초래하는 정신질환이다(APA, 2015). 조현병의 핵심증상은 양성증상(positive symptoms)과 음성증상(negative symptoms)이다. 양성증상은 현실에 존재하지 않는 것이 나타나는 증상이다. 환청, 환시 등 현실에 존재하지 않는 감각이 나타나는 환각(hallucination), 증거가 없음에도 이해하기 어렵고 괴이한 생각이 나타나는 망상(delusion)을 말한다. 음성증상은 감퇴된 정서표현, 무쾌감증, 무의욕증이 대표적이다. 무의욕은 일상적인 활동에 의욕이 결여되어 목적의식이 감소된 상태인 음성증상을 말한다. 일상적인 활동에 동기가 결여되어 있기 때문에 일상의 유쾌한 활동에 무관심하게 되며 이로 인해 환경의 자극에 반응을 않고 심지어 공허함과 절망감을 느끼기도 되는 무쾌감(amhedonia) 상태를 나타낸다. 또한 사회적 활동에 동기가 결여되어 있기 때문에 사회적 관계에 대한 위축으로 연결되며, 사회적 위축은 사회적 고립, 범죄행동, 자살시도로 연결되기도 한다.

이와 같은 조현병의 특성을 고려할 때, '전문가에 의한 초점'에서 조현병이 있는 내담자에 대한 면담 방향성은 크게 양성증상과 음성증상을 감소시키는 것으로 둘 수 있다. 양성증상 감소에 효과적인 근거기반 개입법은 약물치료이다. 따라서 일차적으로 면담자는 약물치료 준수에 대한 동기증진을 목표로 동기면담을 활용하여 진행할 수 있다. 또한 음성증상 감소는 사회적 활동 참여에 대한 동기증진을 목표로 할 수 있을 것이다. 따라서 동기면담 전략은 약물관리를 준수하며 사회적인 활동을 통해 의욕 있는 삶을 살아갈 수 있도록 동기를 증진하는 것이 중요한 과업이 될 수 있다. 이와 같은 조현병의 특성을 고려하여 이 장에서는 동기면담을 가진 내담자를 위한 동기면담 전략을 제시하고자 한다.

1. 관계형성하기

조현병을 가진 내담자는 면담자와 관계형성을 두려워할 수 있다. 면담자가 자신을 또 다시 강제 입원시키기 위해 조사하러 나온 사람으로 여길 수도 있으며, 면담자가 진정으로 자신을 도와주지 않을 것이라는 경험적 믿음을 갖고 있을 수 있다. 조현병을 가진 내담자는 입원과정에서 자신의 의견보다는 보호자의 의견에 의해 입원을 경험했을 수도 있다(김문근, 2016). 이 같은 경험으로 인해 조현병을 가진 내담자는 면담자에 대한 불신감을 갖고 있을 수 있는 것이다. 따라서 관계형성을 위해 면담자는 조현병을 가진 내담자의 치료경험 등 이전의 경험을 먼저 살펴보는 것이 도움이 될 수 있다. 또한 가족과 조현병을 가진 내담자의 관계가 어떠한지, 강제입원 경험이 있는지, 치료는 계속 유지되고 있는지에 대한 정보를 상담 전에 살펴보는 것이 필요하다.

조현병을 가진 내담자는 삶에서 환자 역할에 익숙해졌을 수 있다. 면담자가 유의해야 할 점은 조현병을 가진 내담자는 정신질환으로 인해 이성적이지 못하며, 현실 판단능력이 부족하기 때문에 치료자의 전문성에 따라 순응해야 하는 환자 역할을 요구받아 왔을 수 있다는 점이다. 특히 입원을 통한 치료공동체집단 내에서의 상호작용 경험은 '환자 역할'에 대한 '사회적 요구'를 받아들이게 되는 계기가 될 수 있으며, 이는 나아가 정신장애인 자신의 역할정체성이 '환자 역할'을 해야 한다는 신념체계를 형성하게 되는 배경이 되었을 수 있다(강호엽 외, 2017). 면담자는 조현병을 가진 내담자를 '환자'로서 대하기보다는 자신의 욕구를 말할 수 있는 개별적 인격체로 대해야 한다. 조현병을 가진 내담자가 자신의 병에 대해 인식을 전혀 못하고 있다고 할지라도 관계형성하기 과정에서는 진단명을 부여하고, 조언을 먼저 하기보다는 공감과 경청이 선행되어야 하며 필요한 정보는 알기 쉽게 설명해 주어야 한다.

하지만 의사소통이 어려운 중증 장애를 지닌 내담자는 동기면담 적용이 한계가 따른다. 양성증상으로 인해 면담에 집중하기보다는 환청으로 인해 혼잣말을 한다거나 면담자가 자신의 해치려 한다는 의심을 한다면 면담자는 내담자의 의견을 어디까지 경청해야 할지

고민이 될 것이다. 혹은 음성증상으로 인해 면담자와의 면담에 대한 동기가 결여되어 있다면 면담을 진행하는 것이 상당히 어려울 수 있다. 동기면담이 의사소통 기술이라는 점에서 기본적으로 의사소통이 불가능한 내담자는 면담진행이 어렵다. 하지만 분명한 점은 동기면담의 반영기술은 의심을 품은 내담자의 염려는 줄이고 말수가 적은 내담자의 대화를 더 촉진시킬 수 있다는 것이다. 물론 망상과 같은 내담자의 사고체계에 동의해서는 안 된다. 이런 경우 면담은 원활한 대화가 가능한 내담자보다는 닫힌질문의 비중이 많아질 수도 있으며, 방향성을 둔 정보제공이 많아질 수 있다. 하지만 이 과정에서 유념해야 할 점은 동기면담의 정신은 유지되어야 한다는 것이다. 왜냐하면 심한 증상으로 인해 초반부터 내담자와의 상담이 방향지향적인 면담으로 진행되게 된다면 협동정신, 수용정신의 비중은 낮아질 수 있겠지만 연민, 즉 돕고자 하는 진정성의 비중은 높아져야 하기 때문이다. 이는 언어적 · 비언어적 태도에서 나타날 수 있다.

1) 평가함정

초기상담에서 면담자는 동기면담의 주요함정 중에서도 '평가함정'에 빠지지 않도록 유의해야 한다. 정신건강복지현장에서는 초기상담에서 조현병을 가진 내담자의 심리 · 사회적 정보를 수집한다. 심리 · 사회적 정보수집은 내담자의 다양한 문제를 이해하고 개입계획을 세우는 데 필수적이지만, 자칫 정보수집에만 초점을 두게 되어 평가함정에 빠질 수 있다. 다음 사례는 정신건강복지센터에서 조현병을 가진 내담자의 가정에 방문하여 상담을 진행하는 장면이다.

예 **정신건강복지센터 초기상담에서 평가함정 사례**

면담자: 안녕하세요. 처음 뵙네요. 저는 정신건강복지센터에서 왔고요. 부모님의 의뢰를 받고 찾아뵙게 되었어요.

내담자: 네, 안녕하세요.

면담자: 언제 퇴원하셨나요? **(닫힌질문)**

내담자: 3일 전이요.

면담자: 진단명이 뭔가요? **(닫힌질문)**

내담자: 조현병이요.

면담자: 환청은 있으세요? **(닫힌질문)**

내담자: 입원하기 전에는 들렸는데 요즘은 소리가 안 들려요.

면담자: 무슨 소리가 들리셨어요? **(닫힌질문)**

내담자: 누군가 수군대는 소리요.

　예시를 보면 면담자는 닫힌질문만을 사용하여 내담자의 정보수집에만 관심을 가지고 있다. 이런 경우 면담자가 일방적으로 내담자의 정보를 캐묻는 요구적인 자세를 취하게 되므로 내담자와 면담자와의 관계가 수직적인 위치에 놓이게 된다. 또한 내담자의 현재 처해진 상황이나 감정을 경청하고 공감하기보다는 평가받는 것같다는 인식을 주게 되므로 자칫 관계형성이 삐거덕거릴 수도 있게 되는 것이다. 그렇다면 동기면담을 활용한 초기상담 사례를 보자.

예 **동기면담을 활용한 초기상담 사례**

면담자: 안녕하세요. 처음 뵙네요. 저는 정신건강복지센터 소속 △△△입니다. 부모님의 의뢰를 받고 ○○ 씨의 현재 상황을 듣고 도움드릴 수 있는 방법을 함께 찾아보기 위해 왔습니다. 잠시 시간을 내어주실 수 있으실까요?

내담자: 네, 괜찮습니다.

면담자: 퇴원을 하셨다고 들었어요. 어떤 이유로 입원을 하셨던 건지 궁금하네요. **(열린질문)**

내담자: 환청이 심하게 들려서요.

면담자: 환청이 있었군요. **(반영하기)**

내담자: 네. 사람들이 수군대는 소리가 계속 들렸어요.

면담자: 구체적으로 어떤 내용이 들렸는지 궁금하네요. **(열린질문)**

내담자: 너는 저주를 받았다. 귀신이 씌었다. 이런 내용이 많이 들려요.

동기면담을 활용한 사례를 보면, 먼저 내담자의 상황에 대해서 열린질문을 하였다. 그리고 내담자의 말을 반영하며 내담자 상황을 경청하고 있다. 짧은 축어록이지만 정보수집에만 초점을 둔 첫 번째 사례에 비해 오히려 내담자에게 더 다가가는 대화를 하였다는 점을 알 수 있다. 내담자를 대상으로 정보수집을 하고자 한다면 열린질문을 하고 반영을 많이 해야 한다. 열린질문은 면담자가 미처 생각지 못했던 정보를 얻게 만든다. 반영은 내담자의 염려를 이해하고 있음을 면담자가 언어로써 되돌려주기 때문에 내담자가 더 개방적으로 자신의 생각을 말할 가능성을 높인다.

2) 조급하게 초점맞추기 함정

평가함정에만 초점을 두게 되면 조급하게 초점맞추기 함정에 자
연스럽게 빠지게 된다. 평가에만 초점을 두는 그 자체가 내담자의
의제보다는 면담자의 의제에만 초점을 두는 것이기 때문이다. 면
담자는 내담자의 상황보다는 필요한 정보수집에만 초점을 두어서
는 안 된다. 또한 평가에만 초점을 두게 되면 진단명 명명하기 함정
으로 빠질 가능성이 높아진다. 정보수집을 하였으니 처방책을 제
시해 주기 위해서는 진단명이 필요하기 때문이다. 다음은 정신건
강복지센터에서의 면담장면이다.

예 **조현병을 가진 내담자의 사례관리 사례**

면담자: 언제 퇴원하셨어요?

내담자: 3일 전에요.

면담자: (약봉투를 살펴보며) 의사 선생님이 약을 좀 바꿔 주셨네요. **(닫힌**
질문)

내담자: 네.

면담자: 전에는 머리가 아프셨잖아요. 머리는 아프세요? **(닫힌질문)**

내담자: 머리는 안 아파요. 가슴이 아프지 머리는 안 아파요.

면담자: 정말요? 가슴이 아픈 건 예전에 남자 선생님이 병원에 데려다 주신
적이 있었잖아요. 그 이후로 계속 아프신 건가요? **(닫힌질문)**

내담자: 뭐가요?

면담자: 가슴이 답답하고 심하게 아프신 거요.

내담자: 아니요. 아프다가 안 아팠어요. 그러다가 아픈 지 한 달 됐어요.

면담자: 이렇게 심하신 게? **(닫힌질문)**

내담자: 네.

면담자: 원인은 무엇인 것 같아요? **(닫힌질문)**

내담자: 모르겠어요…….

면담자: 제가 볼 땐 걱정이 너무 많아서 불안 증상이 있는 것 같아요. 생각을
너무 많이 하지 마시고 자주 산책도 하시고 바깥에 나가세요.

이 사례를 보면 면담자는 조현병을 가진 내담자의 증상에만 초
점을 두고 대화를 하였다. 내담자의 증상을 평가하는 것도 중요하
지만 초반 대화에서는 내담자가 말하고 싶은 의제를 이끌어 내는
것이 더 중요하다. 또한 면담자는 불안 증상이 있는 것 같다고 말했
으며, 임상적 판단에 근거하여 진단명을 부여하였다. 의견은 제시
할 때는 면담자의 판단에 의한 조언보다는 객관적인 평가 결과에
근거하여 내담자가 알아야 할 정보를 제안하는 것이 더 내담자가
잘 납득하며 관계형성에 도움이 된다.

2. 초점맞추기

동기면담에서 초점맞추기는 내담자의 의제에 우선한다. 따라서
일차적으로 내담자의 의제에 초점을 맞추면 된다. 한편으로 심한
정신병리적인 문제를 가졌으며, 그 문제에 대해 전혀 인식하지 못
하고 있는 내담자라면 분명 치료를 위해 필요한 서비스로 연결되
도록 전문가가 초점을 맞추고 정보를 제공할 필요가 있다. 따라서

면담자는 근거기반 전략들을 내담자의 의제 안에 포함시킬 수 있도록 정보를 제공하는 것이 좋다.

조현병의 양성증상을 치료하기 위해 널리 사용되는 개입법은 약물치료, 인지행동치료, 가족치료, 집단치료, 사회기술훈련 등이 있다. 이 중에서도 약물치료는 조현병의 양성증상을 감소시키는 데 매우 효과적인 근거기반 치료이다. 하지만 조현병은 약물치료를 중단하면 재발하는 경우가 많다. 따라서 일차적으로 면담자는 재발방지를 위해 약물치료 준수를 목표로 설정하고, 약물치료에 대한 중요성을 인식할 수 있도록 돕는 면담을 진행할 수 있다. 이러한 전략에서 동기면담은 매우 유용할 수 있다. 동기면담이 치료준수율을 높인다는 연구 결과들이 입증되어 왔기 때문이다. 또 다른 개입목표는 무의욕(avolition) 증상의 완화이다. 내담자의 무의욕을 개선시키는 것에 초점을 맞추고, 계획하기 단계에서 음성증상 완화를 위한 전략으로 행동활성화치료, 인지행동치료, 사회기술훈련 등을 포함시킬 수 있을 것이다.

초점맞추기 과정에서 면담자의 의도와 다르게 면담 방향이 정해지지 않을 수 있다. 내담자에게 약물치료를 받도록 권유할 수 있지만, 예상과 달리 약물치료를 거부할 수 있다. 조현병을 가진 내담자는 자신이 병이 있다는 사실을 믿고 싶지 않거나, 이전의 치료경험에서 부정적 경험을 겪어 봤을 수 있기 때문이다. 이때는 약물치료의 장단점을 탐색해 보는 것이 도움이 될 수 있다.

현상유지		변화	
장점	단점	장점	단점

목표가 불분명한 내담자라면 물방울 기록지를 활용하는 것도 유용하다. 다양한 의제를 파악하면서 가장 영향을 많이 미치고 우선시되는 의제를 파악할 수 있기 때문이다.

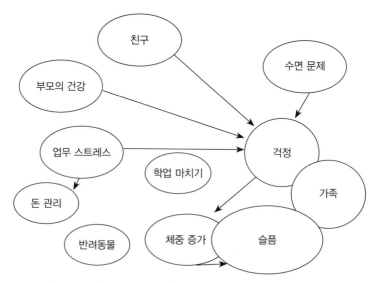

[그림 6-1] 목표가 불분명한 내담자를 위한 초점맞추기 지도

출처: Naar & Safren (2017).

만약 치료에 대해 의구심이 강하다면, 당장 약물치료로 초점을 맞추기보다는 정신건강복지센터의 주간재활프로그램 이용하기, 방문상담 이용하기 등과 같이 보다 거부감이 덜할 수 있는 서비스로 초점을 맞추는 것이 유용할 수 있다. 내담자의 변화에는 내담자의 결정이 필요하다. 이를 위해서는 면담자가 필요하다고 보는 의제를 잠시 보류하는 것도 장기적인 관점에서 변화를 이끌어 내는 전략이 될 것이라 생각된다.

3. 유발하기

조현병이 있는 내담자를 위한 유발하기는 치료에 대한 의지를 증가시키는 것이 중요한 과업 중 하나이다. 내담자의 과거 치료 경험은 매우 중요한 내적 자원이 될 수 있다. 내담자가 치료를 해 왔으며, 최근에 들어 치료를 중단했다면 이러한 과거 치료에 대한 성공 경험을 놓치지 말아야 한다. 무엇 때문에 치료를 꾸준히 받아 왔는지, 무엇 때문에 치료를 중단하게 되었으며 무엇이 달라진다면 다시 치료를 받을 의지가 생길지에 대해서 물어보는 것이 중요하다.

만약 내담자가 지속해서 치료에 대해 거부적이라면, 중요한 타자를 활용하는 것이 도움이 될 수 있다. 가족, 정신건강복지센터의 직원, 교회 지인 등이 될 수 있다. 만약 가족이 내담자에게 지지적인 존재라면 매우 훌륭한 자원이 될 수 있다. 내담자는 오랫동안 자신을 보살펴 준 중요한 타자의 말에 귀를 기울이고 협조한다. 중요한 타자를 잘 활용하는 것이 무엇보다 중요할 것이다. 또한 구조화된 방법으로 유발하기 전략을 활용하는 것이 좋다. 구조화된 강점탐색 혹은 가치관 탐색은 내담자가 보다 자신의 내적 자원을 찾아내기 쉽도록 돕는다. 다음은 구조화된 유발하기 전략이다.

〈표 6-1〉 가치관 탐색하기

- '당신이 중요하게 생각하는 가치관 3개를 고르세요.'

너그러움	정확함	달성	모험
매력	권위	자율	미
보살핌	도전	변화	마음이 편함
서약	동정	공헌	협력
예의	창조성	신뢰할 만한 것	인내
생태학	흥분	정절	명성
가족	피트니스	유연성	관대함
우정	즐거움	선심	성실함

※ 시나리오 1. 가치관 탐색 이후 목표세우기로 이어질 경우 핵심질문의 예
"중요하게 생각하는 가치가 '인내'군요. 어떻게 이 가치가 중요하게 된 거죠?
"○○ 님에게 있어서 대단히 중요한 일 중 하나군요. 어떤 예를 들 수 있을까요?"
"○○ 님은 그 일을 하면서 상당히 즐겁겠군요."
"○○ 님은 정말 강한 '인내'를 지니고 계시군요. 무엇 때문에 이 가치가 소중한가요?"
"○○ 님은 '인내'를 바라는 가치관으로 선택하신 이유가 무엇인가요?"
"○○ 님에게 '인내'는 매우 필요한 가치이군요."

출처: 강호엽, 조성희(2017).

4. 계획하기

조현병을 가진 내담자가 변화를 결단한다면, 행동계획을 수립하는 계획하기 단계로 이동한다. 내담자의 언어를 통해 변화계획을 말할 수 있도록 격려하는 것이 중요하다. 내담자의 기능수준에 따라서 어떻게 해야 할지 행동계획을 세우는 것을 어려워할 수도 있는데, 이때는 면담자가 제안을 해야 한다. 행동계획은 너무 어렵지 않고, 조현병을 가진 내담자의 기능수준에 따라서 실현 가능할 수 있도록 세워야 한다. 그리고 수립된 행동계획은 내담자가 지속해서 실행할 수 있도록 계획서를 내담자의 시야가 잘 보이는 곳에 붙여 두는 것이 좋다. 만약 인지기능이 제한적인 내담자라면 구조적인 활동지를 활용하여 변화계획서를 작성하는 것이 유용하다.

조현병을 가진 내담자가 지속해서 치료를 유지할 수 있도록 돕기 위해 지역자원을 활용하는 것이 도움이 된다. 가장 대표적인 자원은 정신건강복지센터이다. 정신건강복지센터의 대표적인 서비스로는 사례관리서비스와 주간재활서비스가 있다. 사례관리서비스는 낮 시간 동안 보호와 재활프로그램을 제공해 준다. 또한 주간재활서비스를 통해 만나게 되는 조현병 환자의 집단 내에서의 상호작용을 통해 심리적 지지를 얻기도 하며 필요한 정보를 공유도 할 수 있다. 만약 주간재활서비스를 참여하는 데 어려움이 있는 내담자라면, 사례관리서비스를 이용하는 것이 또 다른 방법이다. 사례관리서비스는 내담자의 약물관리, 지원 자원 연계, 상담 등을 지원한다. 또 다른 자원은 정신재활시설이다. 정신재활시설은 직업

훈련이나 취업지원서비스를 제공한다. 내담자가 자신의 병을 잘 관리한다면, 궁극적으로 행복한 삶을 영위하기 위해 취업이 필요하다. 장기적인 삶의 목표가 있을 때 내담자는 자신의 병을 더 잘 다스리기 위해 노력해 나갈 것이다.

참고문헌

강호엽, 고명일, 최분이(2019). 정신장애인의 자기결정권을 위한 수평적 역할관계와 의사소통. 한국장애학회지, 4(1), 41-61.

강호엽, 조성희(2017). 자살예방실천현장에서의 동기면담. 서울: 학지사.

김문근(2016). 상징적 상호작용론과 정신장애의 이해. 서울: EM커뮤니티.

American Psychiatric Association. (2015). 정신질환의 진단 및 통계 편람 [Diagnostic and statistical manual of mental disorders (5nd ed.)]. Washington, DC: Author. 정신질환의 진단 및 통계편람. (권준수 외 공역). 서울: 학지사. (원저는 2013년에 출판).

Naar, S., & Safren, S. A. (2017). Motivational interviewing and CBT: Combining strategies for maximum effectiveness. New York: The Guilford Press.

제7장
치매와 동기면담

치매는 후천적 뇌손상에 의해 인지기능과 고등 정신기능이 저하되는 복합적인 증상을 말한다. 대표적인 증상은 기억력이 저하되는 인지장애이다. 치매는 손상된 기억력 저하로 인해 엉뚱한 곳에 물건을 놓아두거나 방금한 일을 잊어버리기도 하며, 그 증상이 악화되면 일상생활을 수행하는 데 제약을 받게 된다. 이와 같은 치매는 증상수준에 따라 경증치매와 중증치매로 분류될 수 있다. 경증치매는 주변의 도움이 있으면 나름대로 생활을 유지할 수 있는 상태이며, 중증치매는 전적으로 누군가의 도움이 있어야 생활을 유지할 수 있는 상태다. 따라서 경증치매를 가진 노인은 약물치료와 인지기능을 향상시키는 전략이 효과적이며, 중증치매는 현재 기능을 유지할 수 있도록 돕는 케어가 필요하다.

1. 치매노인을 위한 정보교환하기

치매노인을 위한 동기면담 전략은 첫째, 치매 유무를 확인하기 위한 치매선별검사를 진행한 후 검사 결과에 대한 정보를 제공하는 전략으로서 활용될 수 있다. 치매는 조기 치료가 중요하기 때문에 치매진단을 받지 않은 노인들을 대상으로 치매선별검사를 시행한다. 치매선별검사는 치매안심센터, 정신건강복지센터 등에서 치매예방사업의 일환으로 주로 이루어지며, 노인들의 가정이나 경로당 같은 지역사회에서 진행되기도 한다. 이와 같은 지역사회 주민 대상 치매선별검사는 충분한 예고기간 없이 지역주민들을 대상으로 시행되기도 하기 때문에 지역사회의 노인들은 치매선별검사를 받는 것에 대한 불편감을 표현할 수 있다. 노년기에는 신체적 기능 저하와 사회적 위축과 같은 심리·사회적인 문제가 나타나기 시작한다. 때문에 노인들은 건강에 대한 염려가 커질 수밖에 없다. 특히 노인들은 치매가 노인 10명 중에 1명이 발병하는 노인성 질환이라는 점에서 치매선별검사가 매우 불안할 수밖에 없을 것이다. 이에 노인들에게서는 치매선별검사를 받을지 말지를 망설이는 양가감정이 표현될 수 있다. 따라서 초기상담에서 노인들의 치매선별검사에 대한 양가감정을 충분히 공감해 주고, 노인들이 이해하기 쉽게 정보를 전달해 주는 것이 중요하다. 다음은 잘못된 사례의 예이다.

예 **경로당에서 노인치매선별검사 권유 사례**

면담자: 안녕하세요, 어르신. 저희는 치매안심센터에서 왔어요. 어르신, 치매검사 한번 해 보세요. 검사하면 저희가 선물도 드려요. (**정보제공하기**)

내담자: 안 해~ 나는 정신 멀쩡해. 이 나이에 벌써 치매가 있겠어?

면담자: 그래도 검사 한번 받아 보면 좋잖아요. 그러지 마시고 한번 해 보세요. 금방 끝나요. (**강요하기**)

내담자: 됐다니까 그러네.

면담자: 어르신 저희가 도와드리려는 거잖아요. 치매는 조기에 검사해서 확인해 보는 것이 중요해요. (**강요하기**)

내담자: 글쎄, 됐대도! 나 말고 저기 저 할머니나 검사해 봐!

　이 사례에서 면담자는 노인이 무엇 때문에 치매선별검사를 받으려 하지 않는지에 대해 공감하지 않았으며, 치매선별검사의 중요성을 충분히 설명하지 않았다. 또한 노인들의 염려를 경청하고 반영하기보다는 치매선별검사 시행을 설득하는 것에만 급급하였다. 노인이 치매선별검사에 대한 양가감정이 표현된다면 변화하고 싶지 않은 이유를 반영하면서도 변화에 대한 욕구를 반영하는 것이 필요하다. 치매선별검사의 필요성을 강요하기보다는 납득할 만한 정보를 제공하는 것이 도움이 될 것이다. 다음 사례는 동기면담을 적용한 사례이다.

예 **경로당에서 노인치매선별검사 권유 사례**

면담자: 안녕하세요, 어르신. 저희는 치매안심센터에서 왔어요. 혹시 치매선별검사를 받아 본 적이 있으신가요? (**이끌어내기**)

내담자: 지난번에 보건소에서 와서 하고 갔어. 나는 아무 문제없어 안 해도 돼.

면담자: 이전에 검사를 해 보셨군요. 그때는 어떤 결과가 나오셨는지 궁금하네요. **(이끌어내기)**

내담자: 기억력이 좀 떨어져 있다 하던가 뭐 그러더라고. 나이 먹으면 다 기억력이 안 좋은 거지. 뭐. 내가 치매가 있겠어?

면담자: 네. 나이가 많아질수록 기억력이 나빠질 수 있지요. 혹은 기억력이 나쁜 것이 아닐 수도 있고요. 치매선별검사는 기억력이 나빠지는 것이 정말로 안 좋게 나빠지는 것인지를 객관적으로 검사해 보는 것이지요. 우리가 건강검진을 매년 받으면서 내 건강이 나빠지고 있는지를 확인하는 것처럼 치매선별검사도 우리의 생각하는 기능이 어떤지 확인하고 만일의 치매를 예방하고자 하는 것입니다. 검사받는 것에 대해서 어떻게 생각하세요? **(정보제공하기, 이끌어내기)**

내담자: 내가 조금 있다가 읍내에 가 봐야 해서 시간이 없네. 다음에 오면 하게나.

면담자: 바쁜 일이 있으신가 보네요. 선택은 어르신 몫입니다. 다만, 저희가 경로당에 방문해서 어르신들을 뵙는 시간을 통해서 어르신이 혹시 모를 치매의 진행을 사전에 알고 예방할 수 있도록 도움을 드리고 싶을 뿐입니다. **(자율성 지지)**

내담자: 노인들 도와준다고 고생들이 많네만 30분 뒤에 읍내에 가 봐야 해서 시간이 없어.

면담자: 시간이 부족하시군요. 괜찮으시다면 시간을 단축해서 빠르게 검사할 수 있는 치매검사지를 준비해왔는데요 어떠실지요? **(열린질문하기)**

내담자: 시간이 얼마나 걸리는데?

　　앞의 사례를 살펴보면, 내담자는 치매선별검사를 받은 경험이 있고 치매에 대해서 전혀 문제가 없다고 생각하고 있다. 심지어 검사를 받을 만한 시간적 여유가 없다고 생각하고 있기 때문에 치매선별검사의 중요성을 인식하지 못하고 있는 것이다. 하지만 이전에 치매선별검사를 받은 적이 있다는 점에서 치매선별검사에 대한 중요성은 인식하고 있을 수 있다. 또한 바쁜 일정 문제가 해결된다면 치매선별검사를 받고자 하는 동기가 더 높아질 수도 있을 것이다. 치매선별검사에 대한 필요성을 강조하기보다는 내담자의 염려를 반영해 주어야 한다. 이를 위해 치매선별검사를 받도록 설득하거나 강요하기보다 치매노인에게 선택권을 주고 기다려 주는 것이 필요할 것이다. 그리고 검사의 필요성을 강요하기보다 검사를 받기 어려운 방해요인을 제거하는 방법을 찾기 위해 대화하는 것이 더 나은 효과를 얻을 수 있을 것이다.

　　둘째, 동기면담은 경중치매노인들이 약물치료, 인지재활프로그램과 같은 근거기반 전략으로 연결될 수 있도록 낮은 동기를 증진하는 데 유용할 수 있다. 박해긍, 김주희, 정신모(2020)의 연구에 따르면, 독거노인들은 휴먼서비스 이용과정에서 서비스를 받고 싶으나 신세는 지고 싶지 않아 서비스 이용을 망설이는 양가감정을 경험하는 것으로 나타났다. 또한 서비스 제공을 약속하고도 연락이 닿지 않는 서비스 기관에 대한 불신감, 생사 여부만 확인하는 서비스 제공자의 형식적인 태도, 부적절한 언행이 관계형성을 저해하고 서비스 중단으로 연결되었다. 이러한 한계점에 동기면담이 전략적으로 매우 유용할 수 있다. 이는 동기면담이 초기 면담에서 노인들의 서비스 이용에 대한 양가감정을 해소하면서 변화에 대한 욕구를 파악하고, 언어적·비언어적 태도에 유의하여 관계형성을 견고히 하는 전략을 추구한다는 점에서 찾을 수 있다. 따라서 동기 면담 기술은 초기상담에서 낮은 동기를 증진하고 필요한 정보를 제공하는 전략으로 유용하다. 다음의 사례를 보자.

　　다음의 사례에서 67세 남성은 경로당에서 치매선별검사를 실시한 결과 고위험군으로 선별되었다. 치매안심센터에서 치료를 받을 수 있도록 정보제공을 하고 있는 장면이다. 정보제공은 10분 간 이루어졌으며, 치매선별검사의 점수와 치료의 필요성을 제안하기 위해 진행되었다.

예 치매선별검사 후 정보제공 사례

면담자: 안녕하세요, 어르신. 치매선별검사 결과에 대해서 알려 드릴 정보가 있는데 잠시 시간 괜찮으신가요? **(사전 허락구하기)**

내담자: 그려.

면담자: 응해 주셔서 감사합니다. **(인정하기)** 검사 결과에 관하여 궁금하신 점이 있으신가요? **(이끌어내기)**

내담자: 점수가 어떻게 나왔는가?

면담자: 점수결과가 궁금하시군요. **(반영하기)** 치매선별검사 결과, 점수가 28점으로 나왔어요. 평균적으로 25점이 되면 병원치료를 권해 드리는데 이 점수보다 더 높게 나와서 조금 염려가 되는군요. **(정보제 공하기)**

내담자: 병원 가야 한다고? 병원 안 가도 돼. 나는 멀쩡해.

면담자: 지금도 충분히 건강하다고 생각하시는군요. **(반영하기)**

내담자: 내가 아직도 나 혼자서 농사도 짓고 한다고. 운동도 매일 하고 사람

들도 잘 만나. 그런데 내가 치매라고?

면담자: 그럼요, 어르신. 지금도 충분히 건강하시죠. 선택은 어르신의 몫입니다. 다만 치료를 건강하실 때 받으신다면, 치매가 진행되는 것을 예방해서 더 건강하게 지내실 수 있을 거예요. 저는 어르신께 도움이 되는 방법을 알려 드리고 싶은 마음일 뿐이네요. **(자율성 지지)**

내담자: 고맙긴 한데, 내가 병원 가는 건 싫어. 병원도 멀고 지금 농사철이라 시간도 없어.

면담자: 충분히 이해갑니다. 병원에 가시는 것을 꺼려하시는 분들이 많으시죠. 만약 그러시다면 저희 치매안심센터에서 찾아가는 전문의 상담 서비스가 있어요. 최근에는 마음 검진이라고 생각하고 많이들 상담을 받아 보시죠. 어떠신가요? **(인정하기, 정보제공하기, 이끌어내기)**

내담자: 그래? 그건 언제 하는데?

면담자: 수요일마다 오전 10시부터 오후 2시까지 저희 복지센터에서 운영하고 있어요. 괜찮으시다면 제가 저희 기관 안내지와 연락처를 알려 드릴까요? **(정보제공하기, 질문하기)**

내담자: 그려.

2. 동기면담과 케어

중증치매노인의 케어 전략으로 동기면담이 유용할 것으로 보인다. 동기면담은 동기증진을 위한 의사소통 전략이라는 점에서 기본적으로 변화의 중요성을 인식할 수 있는 인지기능을 지니고 있거나 의사소통이 가능한 내담자에게 적용 가능하다. 그렇다면 인지기능이 저하되어 의사소통이 어려운 중증치매를 가진 내담자에게도 동기면담이 적용 가능할까? 의사소통이 어려운 내담자에게도 자율성을 존중해 줄 수 있을까? 이 물음의 답은 인간중심케어 전략에서 찾을 수 있다. 1980년대 미국 노인요양시설에서의 서비스 질 문제가 대두되면서, 치매를 가진 내담자의 개별성을 존중하고 의사결정 참여를 추구하기 위해 등장한 전략이 인간중심케어이다. 인간중심케어는 케어의 질에 관심을 두며, 치매노인의 자기결정권, 임파워먼트 향상, 친밀한 관계 향상 등에 초점을 둔다. 중증치매노인은 인지장애가 있기 때문에 의사결정능력이 부족하다고 판단하고 자기결정권이 제한될 수 있는데, 인간중심케어에서는 최대한 치매노인의 자기결정권을 존중하는 자세를 취한다. 이와 같은 인간중심케어의 구성요소는 동기면담의 정신과 매우 부합된다는 점에서 인간중심케어의 전략들을 동기면담과 통합 가능하다.

특히 최근에 국내에 도입되어 주목받고 있는 휴머니튜드케어의 실천전략들은 동기면담의 주요기술과도 잘 부합된다. 휴머니튜드케어는 치매환자를 자기결정권을 가진 인격체로서 대하고 인간다움을 존중하는 관계중심적인 케어기술이다. 휴머니튜드케어는 상대방과 친밀한 관계를 맺고, 그 사람이 가진 힘을 빼앗지 않는 것을 가장 중요시한다(本田 et al., 2020). 이와 같은 휴머니튜드케어의 정신은 동기면담의 자율성 지지, 협동 정신과 일관된다. 예를 들어, 침대에 누워 있는 내담자의 몸을 닦아야 한다고 상상해 보자. 누워 있기 때문에 내담자를 편하게 돕기 위해 케어자가 몸을 닦아 줄 수 있겠지만 그것은 옳지 않다. 누운 채로 몸을 계속 닦는다면 내담자가 서 있을 수 있는 잔존기능을 상실하게 되는 것이다(本田 et al.,

2020). 이처럼 내담자의 '서는 능력'을 빼앗지 않는 것이 휴머니튜드케어의 철학이다.

　휴머니튜드케어는 치매를 가진 내담자의 존엄성을 존중하는 태도를 구체화한 전략이다. 휴머니튜드케어는 '당신을 소중히 생각한다.'라는 마음을 전달하기 위해 네 가지 의사소통 전략을 사용해서 케어한다. 휴머니튜드케어의 주요 전략은 '보기' '말하기' '접촉하기' '서 있기'이다. 휴머니튜드케어는 치매를 가진 내담자의 눈을 마주하여 대화하고, 공감적인 대화를 하고, 비언어적인 태도에 유의한다. 동기면담은 내담자와의 언어적 · 비언어적 태도에 유의하면서 공감적인 의사소통 전략을 추구한다는 점에서 휴머니튜드케어의 주요기술과 잘 부합된다. 선행연구에서 치매를 가진 내담자에게 휴머니튜드케어를 적용하였을 때 일상생활수행능력이 향상되고 문제행동이 감소되는 효과를 보여 왔다는 점에서 휴머니튜드케어는 동기면담이 치매노인의 상담 및 케어기술로서 유용함을 시사한다.

　휴머니튜드케어 전략은 동기면담의 관계형성 과정에서 관계형성을 저해하는 요인들을 알아차리고 예방하는 데 유용하다. 이를 정리하자면 다음과 같다. 첫째, 휴머니튜드케어 기술은 치매노인의 눈을 보고 대화를 하며, 존중한다는 자세로 가벼운 신체적 접촉을 주요기술로 제시하고 있다. 즉, 비언어적 태도에 유의해야 한다는 것이다. 이를 위해 면담자는 치매노인의 눈높이를 수평이 되도록 하여 바라봐야 한다. 치매노인들은 침대에 누워 있거나 의자에 앉아 있을 수 있는데, 만약 케어자가 일어서서 치매노인보다 높은 위치에서 바라보게 된다면 위화감이 조성될 수 있다. 또한 치매노인은 시각 기능이 소실되어 케어자의 얼굴이 멀리서 한눈에 안 들어올 수 있다. 이러한 기능상의 문제를 고려하여 케어자는 치매노인의 얼굴을 가까이 하여 수평적인 위치에서 시선처리를 하는 것이 관계형성에 도움이 된다. 또 다른 하나는 치매노인에게 가벼운 터치를 하는 것이다. 치매노인이 불쾌한 감정이 들지 않도록 팔의 바깥 부분을 살며시 터치하는 것으로써 서로 함께하고 있으며 케어자가 당신을 존중하고 있음을 보여 줘야 한다.

둘째, 말하기 전략이다. 공감적인 의사소통을 하는 것이 중요하다. 즉, 치매노인이 말을 할 때 공감해 주는 것이 필요하다. 이러한 전략은 동기면담의 반영하기를 활용할 수 있다. 특히 의사소통이 어려운 치매노인을 만나게 되었을 때 휴머니튜드케어(本田 et al., 2020)에서는 의사소통이 안 된다고 해서 치매노인과 대화를 할 필요가 없다고 생각해서는 안 된다고 제시하고 있다. "어르신, 제 목소리 들리면 손 한 번 들어 주실래요?"라고 말할 때 대부분의 노인들은 여전히 인지기능이 살아 있음을 깨닫게 된다. 비록 대화가 어려운 노인일지라도 "어르신, 식사 가져왔어요." "오늘은 생선 반찬이네요. 맛있어 보여요."와 같이 케어자가 치매노인에게 말을 건네고 대화를 이어 나가는 것은 인간의 존엄성을 추구하는 방법이다(本田 et al., 2020). 실제로 선행연구에서 휴머니튜드케어 전략으로 자기대화와 공감적 반영을 시행하였을 때, 치매노인의 문제행동이 감소된 바 있다. 의사소통 능력에 제한적인 치매노인일지라도 휴머니튜드케어의 정신과 부합되는 동기면담의 정신은 치매노인의 존엄성을 추구할 수 있는 태도를 반영하기 때문에 치매노인들의 문제행동을 감소시키는 데 유용성을 지닌다고 볼 수 있겠다.

마지막으로 서기이다. 휴머니튜드케어는 치매노인에게 남아 있는 근육의 잔존기능을 강화하는 데 초점을 둔다. 이를 위해 치매노인이 스스로 할 수 있는 일은 최대한 할 수 있도록 돕는다. 서 있는 것, 스스로 행위를 할 수 있다는 것은 나 자신이 존재하고 있음을 인식하는 것으로써 인간의 존엄성을 존중하는 행위인 것이다. 동기면담은 치매노인의 잔존기능을 평가하고 활용할 수 있도록 '계획하기'단계에서 행동계획을 수립할 수 있을 것이다.

📑 참고문헌

박해긍, 김주희, 정신모(2020). 독거노인 돌봄서비스 이용과정에서 주관적 경험에 관한 연구. 인문사회 21, 11(5), 497-506.

本田美和子, Gineste, Y., & Marescotti, R. (2014). 휴머니튜드 입문: 치매케어 전문가를 위한 가이드북(ユマニチュード入門). (조문기 역). 파주: 물고기숲. (원저는 2014년에 출판).

제8장
중독과 동기면담

    알코올 중독의 문제가 있는 내담자의 행동 변화를 돕고자 개발된 동기면담은 Miller(1983)에 의해 처음으로 소개되었다. 1982년에 Miller는 중독 문제가 있는 내담자와의 의사소통 과정에서 배운 치료적 기법(깊이 있는 경청을 통한 내담자의 딜레마 이해)을 알코올 및 약물 중독 문제가 있는 내담자를 치료하는 노르웨이의 젊은 임상심리학자들의 요청으로 알려 줄 기회가 있었다. 그 후 Miller는 많은 심리학자가 이 치료 기법을 자세히 알고자 한다는 점에 고무되어 「문제음주자와 함께하는 동기면담(Motivational Interviewing with Problem Drinkers)」을 『행동 심리치료(Behavioural Psychotherapy)』(1983, pp. 147-172)에 발표하였다. 실제로 이전의 중독 치료에서는 내담자를 중독자라 칭하는 낙인을 사용하였고 이들 스스로가 중독자임을 인정하는 것이 이들의 문제행동을 변화하는 데 필수적이라고 보았다. 그러나 Miller는 동기(motivation)를 중독자의 성격적 특성으로 간주하지 않고 대인관계 과정에서의 관점으로 개념화하고 치료자의 의사소통 스타일을 중시하였다.

동기면담은 내담자의 내재된 변화동기를 증진시키고 스스로 행동을 변화하도록 돕는 내담자 중심의 의사소통 방식으로(Miller & Rollnick, 2013), 변화동기는 외부로부터 부여되는 것이 아니라 내담자로부터 이끌어 내는 것이므로 내담자 중심적으로 그들의 변화에 관한 양가감정을 찾고 해결을 돕는 과정이 요구된다(Rollnick & Miller, 1995; Miller & Rollnick, 2002; Miller & Rollnick, 2013). 특히 동기는 내담자와 면담자의 대인관계 과정을 통해 얻어지기 때문에 내담자와 면담자는 파트너로서의 관계를 형성하여야 하고 반영적 경청 기술로 내담자의 준거 틀을 이해할 수 있어야 한다(Miller & Rollnick, 2013).

1. 동기에 관한 네 가지 주요 원리

동기면담에서는 관계적 차원에서의 변화동기를 강조하면서 동기에 대한 네 가지 주요 원리를 다음과 같이 설명하고 있다.

첫째, 낙인을 강조하지 않는다(de-emphasis on labeling). 전통적 접근에서는 '중독'이라는 낙인을 재인지하거나 인정하도록 하지만 동기면담에서는 그렇지 않다. 동기면담에서는 중독과 관련하여 내담자가 경험하는 문제가 무엇이며 그러한 문제의 변화를 위하여 내담자 스스로 무엇을 해야 하는가를 더욱 강조한다.

둘째, 개인적 책임감(individual responsibility)이다. 동기면담에서는 내담자의 중독 문제가 어느 정도의 수준인지 스스로 변화를 위한 행동을 결정할 수 있는 개인적 책임감을 강조한다. 면담자는 내담자가 스스로 책임감 있는 결정을 내리도록 돕고 그들이 바람직한 방향으로 나아갈 능력이 있다고 생각하여야만 한다. 즉, 내담자의 자기결정과 관련하여 면담자가 내담자를 어떠한 시각으로 보고 있느냐가 중요하다.

셋째, 내적인 귀인(internal attribution)이다. 동기면담에서는 현재 상태에 대한 책임이 내담자의 외적인 원인에 있는 것이 아니라 내담자 개인의 내적인 측면에 있다고 보기 때문에 변화를 성취할 책임이 본인에게 있음을 강조한다. 내담자는 본인의 중독 행동이 배우자나 주변 환경으로부터 발생했다는 상황적, 맥락적 측면을 강조하면서 변화에 대한 책임을 외부적 요인에서 찾으려는 경향을 보인다. 그러나 중독 행동의 원인을 자신에게서 찾는 경우 행동 변화에 대한 책임과 변화를 위한 노력을 실천할 가능성이 높아진다. 이 세 번째 원리는 두 번째 원리와 매우 관련이 깊다.

넷째, 인지부조화(cognitive dissonance)이다. 동기면담에서는 내담자가 경험하는 인지부조화의 양을 증가시키는 전략이 중요하다. 실제로 인지부조화가 극대화될 때 내담자는 인지부조화로 인한 자신의 심리적 불편감을 감소시키려 하기 때문에 자신의 신념을 수정하거나 자기존중감이나 자기효능감을 유지하려는 행동으로 변화된다. 전통적인 치료에서는 특정 행동을 변화하지 못하는 내담자에게 죄책감과 자기존중감과 자기효능감의 저하를 보이도록 해 인지부조화적인 상황을 줄일 필요가 없다고 보았다. 그러나 동기면담에서는 내담자가 자신의 행동을 변화하고자 할 때 스스로 책임감 있게 행동을 선택하고 결정하도록 유도하며, 행동 변화에 긍정적인 영향을 주는 자기존중감과 자기효능감을 증진하기 위한 전략을 지속적으로 제공한다. 이러한 과정을 통하여 내담자는 자신의 행동에 대한 책임감을 키우고 자신에게 유발되는 심리적 불편함을 해소시켜야 할 인지부조화의 필요성을 키우게 된다. 결국 동기면담을 통하여 내담자에게 형성된 인지부조화를 새로운 관점에서 해결할 수 있도록 이끌어 냄으로써 문제행동은 변화의 방향으로 향하게 되고 인지부조화가 감소되는 방향으로 변화하게 된다.

특히 Miller 등(1993)은 전통적으로 중독자의 행동 변화에 직면적 접근이 지배적이었으나 이들에 대한 존중과 정확한 공감 반응을 보인 면담자에게서 보다 긍정적인 행동 변화를 확인하면서 공감적 접근을 강조하였다. 동기면담에서는 내담자의 변화 결정과 실천에 대한 책임을 중시하며 면담자는 내담자의 내재된 동기를 증진하고 변화에 대한 결단을 강화하는 든든한 지원자이다. 그렇기에 내담자들은 본인 스스로 변화를 결심하고 지속하기 위하여 노력하게 된다.

동기면담 과정의 4단계는 관계형성하기, 초점맞추기, 유발하기, 계획하기로 연속적인 순서에 따라 이루어진다(Miller & Rollnick, 2013). 첫 단계인 관계형성하기가 충분히 이루어지지 않았다면 다음 단계인 초점맞추기로 진행하지 않으며, 유발하기나 계획하기 과정에서도 내담자와 불화의 양상을 보이면 다시 관계형성하기의 과정으로 되돌아간다. 이 장에서는 중독 문제가 있는 내담자의 행동변화를 돕는 동기면담 적용 방법을 소개하고자 한다.

2. 관계형성하기

관계형성하기는 내담자와 상호 간의 신뢰와 존중을 바탕으로 함께 작업하기 위한 치료적 동맹을 구축하고 다음 단계로 진행하기 위하여 일종의 작업 계약을 맺는 과정이다. 중독 문제가 있는 내담자는 자신의 문제행동을 이야기하는 것에 수치심과 당혹감을 느낄 수 있으며, 과다한 스트레스와 불안감을 경험할 수도 있다. 내담자는 치료적 개입을 지속적으로 받고자 원하는지에 대한 자신의 선택이 모호하다고 생각하며 변화에 대한 결정을 확신하기도 어렵다. 오랜 기간 지속해 온 자신의 중독 문제를 이제 변화해야만 하는 문제행동으로 인식하게 되면서 '할 수 있다'는 자기효능감은 저하되고 결국 아무것도 해낼 수 없을 것이라는 절망감과 함께 심리적으로 낙담하는 상태에 이르기도 한다. 중독 문제가 있는 내담자의 이러한 특성은 오히려 과다한 자신감을 과시하는 행동으로 나타나기도 하고 변화와 관련된 어떤 행동도 시도하지 않으려 할 수도 있다. 따라서 면담자는 내담자가 자신의 문제행동 변화를 위한 평가와 치료적 개입에 자발적으로 참여하도록 이들을 존중하는 마음과 함께 문제행동 변화에 관한 긴 여정을 내담자와 파트너십을 형성하면서 기꺼이 함께 보낼 수 있어야 한다. 면담자는 이들이 어떠한 이야기를 꺼내든 열린 마음을 유지한 채 이들의 말에 반영적인 정확한 공감(reflective accurate empathy)을 보이면서 변화에 대한 자율성을 강조하고 어떠한 선택이든 진심으로 수용할 수 있어야 한다. 면담자는 이들의 문제를 솔직히 표현할 수 있도록 했음에도 지

금 당장 중독 행동에 대한 변화를 선택하지 않더라도 심리적 위축
감과 자기비하감을 느끼지 않도록 해야 한다.

이들과 처음 만나는 상황인 만남에서도 동기면담 기술의 인정하
기와 열린질문하기를 통해 내담자의 행동을 탐색하고 동반자적인
협동의 관계를 형성할 필요가 있다.

1) 만남 및 초기 평가

다음의 예는 중독 문제에 대한 초기 사정을 위해 내담자와 만날
때 어떻게 만남을 시작하고 초기 평가에 대한 안내를 하는 것이 효
과적인지를 보여 주고 있다. 개방하고 싶지 않은 중독 문제에 대한
언급을 격려하고 기꺼이 내담자와 함께 시간을 보내고 싶다는 동
기면담의 정신을 언어적으로 드러내어 표현한다.

> "당신이 상담에 참여하겠다는 쉽지 않은 결정을 하고 이렇게 소중한
> 시간을 내어 주셔서 고맙습니다(**인정하기**). 얼마 전 조사했던 김동기 님
> 의 음주행동과 관련된 설문 평가 결과에 관하여 함께 이야기 나누고자
> 합니다. 첫 시간이라서 당신에 관한 어떠한 것이라도 함께 이야기 나누
> 고 싶습니다(**파트너십**). 혹시 제가 드린 얘기를 들으시면서 기대하는
> 것에 대하여 알고 싶네요. 당신이 기대하는 그 어떠한 것이라도 이야기
> 해 주세요(**열린질문하기, 수용하기**)."

중독 문제를 보이는 내담자는 자신의 중독 물질 사용이나 행위
중독을 직접적으로 다루는 것에 익숙하지 않기 때문에 이들은 중

독 물질이나 행위 중독에 대하여 솔직하게 언급하지 않을 수 있다. 따라서 내담자에 대한 정보를 수집하는 중독 현장에서는 이들의 중독 성향 정보를 가족이나 지인에게 먼저 제공받는 경우가 흔하며, 면담자는 내담자에 대한 정보를 타인에게 들어서 이미 알고 있기 때문에 중독 내담자에 대한 선입견으로 그들의 중독 행동에 대하여 사실 여부를 확인하는 만남으로 시작할 수도 있다. 이런 경우 실제 가족에게 내담자의 중독 성향에 대한 이야기를 들었다고 하더라도 모르는 척 호기심을 갖고 면담에 임해야 한다.

> "오늘부터 김동기 님과 함께 음주에 대한 이야기를 나누어 보고자 합니다. 저는 약 20~30분가량 김동기 님의 음주 습관이 어떤지 알아보고자 합니다. 저는 김동기 님이 건강하지 못한 습관을 가지고 있다거나 특히 음주행동에 문제가 있다는 얘기를 하려는 것이 아닙니다. 저는 이 시간을 통하여 당신이 당신에 관하여 알아갈 수 있는 시간이 되도록 도울 것입니다(유발, 자율성 지지). 지금 어떤 기분이 드시는지 얘기해 주세요(열린질문하기)."

2) 초기 평가에서의 동기면담 적용

다음 사례는 동기면담을 활용하여 내담자와 초기 평가를 하는 과정을 보여 준다. 면담자는 초반에 인정하기와 면담에 대한 허락을 구하며 면담을 시작한다. 내담자의 말에 단순하게 반영해 주고 열린질문하기 기술과 함께 음주로 인한 내담자 경험을 탐색한다.

예 **음주자의 초기 평가 사례**

면담자: 여기로 앉으세요. 음주에 대해 걱정되는 부분을 저와 이야기하고자 이곳에 왔다고 생각해요. 우린 오늘 45분 동안 함께 얘기할 겁니다. **(인정하기)**

내담자: 아직 잘 모르겠어요.

면담자: 괜찮다면 당신의 음주로 인한 경험에 관해 이야기 나눌 수 있을까요? 가급적 당신의 상황과 걱정에 대해 듣고자 합니다. 불편하다면 오늘이 아니라 다른 날에 얘기해도 괜찮습니다. **(허락구하기, 열린 질문을 통한 탐색)**

내담자: 술 문제는 이십대 후반부터 서른 살쯤 처음 겪었는데 술을 먹으면 조절하지 못한다는 걸 느꼈어요. 제가 알코올에 문제가 있는 것 같다고 했을 때 병원에서는 "이 정도 문제도 없는 사람이 있겠습니까?"라고 말씀하셨어요.

면담자: 병원에서 그 말을 들었을 때 많이 안심되었겠네요. **(반영하기)**

내담자: 약을 한 삼 일치를 지어 주셨는데 그거 먹고 한동안 단주를 했어요. 그러다 시아버님이 돌아가시니 남편이 저를 좀 방치했어요. 그때 혼자 있는데 굉장히 외로웠던 거 같아요. 기댈 때도 없고.

면담자: 그 시간을 혼자 감당하기 힘들어 허전함을 달랠 대상이 필요했군요. **(반영하기)**

내담자: 경제적으로 굉장히 열악했고 버림받은 느낌도 들고 제가 칭찬을 받아 본 적이 없고요. 어릴 때 많이 맞고 크면서 도둑질도 했었지요. 불안이라는 게 굉장히 심하게 엄습해 왔어요.

면담자: 힘겨움의 연속이었네요. **(반영하기)**

내담자: 중독의 상태가 제일 좋았던 것은 감정을 안 느껴도 되는 거예요. 어

떤 화나는 분노감이 있어도 마시면 분노가 없어지니까. 불편한 감정
이나 긴장감 이런 것들이요. 불안하니까 술을 마시게 되었던 것 같
아요.

면담자: 감정을 느끼지 않는 게 중요했군요. 술 마시는 것이 최고의 위로였
네요. 술 마심으로 경험한 것 중 기억나는 것이 또 있을까요? **(반영**
하기, 열린질문을 통한 탐색)

3) 전형적인 하루(음주 일상 탐색)

　주로 중독 내담자의 경우 음주하는 하루 일상을 탐색하는 전형
적인 하루(typical day)를 활용해 음주행동 양상을 탐색하는 전략이
효과적이다. 내담자가 보내는 하루 일상에 대하여 상세하게 떠올
려 이야기하도록 다음과 같이 활용한다.

　"지난 일주일 중 당신이 보낸 하루 일상을 이야기해 주세요**(열린질문하**
기). 그리고 술을 마신 날 중 하루를 떠올려 얘기해 주세요. 당신이 아
침에 언제 일어나고 언제 잠을 자는지, 언제 일하러(학교로) 가는지, 술
자리를 갖는지, 그렇다면 그 시간은 언제인지, 몇 시까지 마시는지, 누
구와 마시는지, 양은 어느 정도나 마시는지, 어떤 종류의 술을 마시는
지 등등 기억나는 대로 자유롭게 얘기해 주세요**(열린질문하기)**."

4) 음주 경험과 술로 인해 경험한 문제의 탐색

　그 후 내담자의 음주 경험과 술로 인해 경험한 문제를 순차적으

로 이야기하도록 하면 내담자와의 긍정적인 관계형성과 이들이 자신의 음주행동에 대하여 어떻게 인식하고 실제 어떠한 음주행태와 음주로 인한 문제행동 양상을 보이는지 탐색할 수 있다.

> "제일 먼저 음주한 시기가 언제였는지 궁금합니다. 그날은 언제였고 그날 어떤 일이 있었는지 떠오르는 대로 편하게 이야기해 주세요. 마시는 술의 양이 지금껏 그대로인지, 양의 변화는 있었는지 알고 싶네요. 혹시 현재 앓고 있는 질병이나 진단받은 것에 대해서도 이야기해 주세요."

> "김동기 님이 전형적인 하루나 음주했던 경험들에 대해 이야기하면서 생각하게 된 술을 마신 후 경험한 문제에 대해 들을 수 있을까요? 당신이 이야기하는 것이 괜찮다면 듣고 싶네요(**열린질문하기**)."

일반적으로 관계형성하기를 방해하는 함정 상황은 면담자가 내담자의 음주행동에 대해 닫힌질문을 한 후 대답을 유도하는 질문-대답 함정이다. 이러한 상황은 마치 취조를 받는 듯한 분위기가 형성될 수도 있기 때문에 내담자의 기분을 상하게 할 뿐 아니라 원하지 않는 방향으로 면담이 진행될 수 있다. 그 외 전문가 함정, 비난하기 함정, 성급하게 초점맞추기 함정, 명명하기 함정, 평가하기 함정, 잡담함정이 있다. 그 후 내담자의 음주 경험과 술로 인해 경험한 문제를 순차적으로 이야기하도록 하면 내담자와의 긍정적인 관계형성과 이들이 자신의 음주행동에 대하여 어떻게 인식하고 실제 어떠한 음주행태와 음주로 인한 문제행동 양상을 보이는지 탐색할 수 있다. 내담자와의 관계형성하기는 몇 초 내 이루어지거나 좀 더

오래 걸릴 수도 있다. 관계형성하기는 선형적으로 일어나지 않으며 면담자는 정기적으로 내담자를 모니터링하면서 다음 단계인 초점맞추기로 진행한다.

3. 초점맞추기

초점맞추기는 내담자의 변화목표를 설정하고 변화대화에 관한 구체적인 방향을 명확히 하는 과정으로, 중독 문제가 있는 개인이든 가족이든 내담자가 자신이 변화해야 하는 문제행동에 대한 명확한 방향을 찾고 나아가도록 도움을 주는 과정이다. 이는 내담자가 처해 있는 현재 상황과 문제행동을 탐색하여 달성 가능한 목표를 결정함과 동시에 문제의 초점이나 방향을 결정하도록 돕는 것을 의미한다. 초점을 맞추는 과정에 음주행동의 검사 결과와 욕구, 행동 변화동기에 대한 피드백이나 중독에 관한 정보제공 등을 통하여 내담자와 면담자가 주요 관심사를 나누고 앞으로 나아갈 방향을 명확하게 하는 안건, 즉 '의제'를 설정한다. 그러나 면담자와 내담자가 서로 다른 의제를 가지고 있을 때 의제를 설정하는 것은 단순하지 않다. 상충되지만 똑같이 긴급한 우선순위가 있기 때문에 초점이 확인된 경우에도 의제를 계속 검토하고, 조정하며 변경할 필요가 있게 된다. 초점을 잘 맞추면 다음 단계인 유발하기에서 내담자의 양가감정이 완화될 수 있도록 대화를 나눌 뿐만 아니라 여러 문제, 상충되는 욕구 및 다양한 우선순위를 보이는 경우에도 내담자가 방향이나 초점에 관하여 분명히 집중하도록 도와준다.

1) 음주행동 검사 결과 피드백

이 과정에서는 안내하기 의사소통 스타일을 사용하여 내담자가 면담 또는 치료를 받고자 하는 이유에 대해 이야기하도록 한 다음 초점을 맞출 내용을 스스로 결정하도록 유도할 필요가 있다. 내담자는 중독 행동을 조절하기 위해 면담이나 치료에 참여하나 이들은 중독 행동 변화에 대한 자신의 능력에 대해 양가적이거나 의심할 것이다. 안내하기 의사소통 스타일은 내담자에게 양가감정을 탐구하고 이해하면서 이들의 중독 물질 사용과 중독 행위와 관련된 걱정을 명확히 다루게 한다. 내담자 자신이 초점을 맞출 내용이나 방향을 결정할 수 있다고 생각하면 이들의 자기효능감은 향상되고 더욱 쉽게 변화 방향 쪽으로 이동하게 된다. 그러나 생명을 위협하는 상황이나 내담자와 대화를 나누는 중간에 더 주요한 문제를 발견하는 경우 면담자는 자신의 전문성에 따른 우선순위로 초점을 맞추게 된다.

초점맞추기 단계에서는 주로 검사 결과 피드백이나 중독에 대한 정보제공과 같은 전략을 사용하며 그에 대한 각각의 예는 다음과 같이 적용한다.

"오늘은 우리나라의 음주와 관련된 통계, 알코올과 관련하여 연구된 자료를 설명하고자 해요. 이 주제와 관련하여 무엇에 관해 알고 싶나요? (반응을 살핀 후) 중간에 이해가 안 되거나 궁금한 것이 있으면 이야기해 주세요. (내담자가 어떠한 말도 하지 않는 경우 음주량과 음주 빈도의 데이터 결과치를 알려 준다.) 국민건강영양조사의 통계치에 의하면 한 번 술을 마실 때 1~2잔이 15%정도예요. 일주일에 4번 이상 마시는 경우는 10% 정도네요. 우리나라 사람들은 대부분 주 1회 정도 술을 마시고 한 번 마실 때 5~7잔 정도예요. 여기까지 어떠세요? 김동기 님은 어디에 해당되나요? (허락을 받은 후) 제가 결과에 대하여 말씀을 드려도 될까요? 김동기 님은 위험음주 수준에 해당되네요. 혹시 궁금하거나 하실 말씀이 있나요? (대답을 기다린다.) 많은 분이 궁금해하는 게 다른 나라와 비교해서 어떤가 하는 건데 미국이나 러시아보다 평균 음주량이 더 많은 걸 볼 수 있죠. 실제 다른 나라에서는 술을 마실 때 14잔, 보통 소주 2병을 마시면 상위 5% 안에 든다고 되어 있네요. 김동기 님의 AUDIT점수는 ＿＿＿점이에요. 이 정도면 점수를 분류한 기준상에서는 위험한 수준으로 음주를 한다고 볼 수 있어요. 어떠신가요?"

2) 중독에 관한 정보제공

이끌어내기(Elicit)－제공하기(Providing)－이끌어내기(Elicit)를 통해 변화대화를 유발한다. 음주 양상별 생애 누적 횟수, 알코올 작용 및 효과, 혈중 알코올 농도, 술의 칼로리 비교, 음주 표준잔과 적정 음주량, 문제 음주가 인체에 미치는 영향에 관하여 다음과 같이 설명한다.

"이제 알코올과 관련된 정보를 드릴게요. 음주 양상별 생애 누적 음주를 보면 18세부터 70세까지 1년에 1~2회 술을 마시면 100번, 매일 술을 마시면 2만 번이에요. 이런 경우 70세가 되면 어떤 결과가 생길까요? (내담자는 대부분 많이 마신 경우 좋지 않다고 얘기한다. 이런 경우 '답변해 주셔서 고맙습니다.'라고 한 후) 계속해도 될까요? 알코올은 입을 통해 위로 내려갑니다. 알코올은 위와 장 중 어디에서 흡수가 많이 될까요? 네. 정확히 알고 있네요. 장에서 80% 이상 흡수됩니다. 혹시 다른 이야기할 게 있나 궁금하네요. [중독의 생리학적 특성(충동 유발, 보상회로)을 설명한다.] 혹시 중독의 기전에 대해 들은 적이 있나요? (답을 기다린 후) 그럼 제가 설명을 해 드릴게요. 중독의 기전은 뇌의 보상회로로 설명하는데요. 쥐에게 실험을 했는데 도파민이 많아지면서 너무나 강렬한 욕구가 생기게 하니까 다른 데 흥미를 못 느끼게 되는 거예요. 술을 안 마시겠다고 스스로 조절하려고 해도 안 되는 것은 무언가 술로 기대하는 것이 있을 수 있어요. 어떤 부분일까요? 필름 끊김도 해마가 제대로 기능을 못하여 발생하는 현상이고요. 최근에 이런 경험을 한 적이 있는지 궁금합니다(**열린질문으로 이끌어내기**)."

3) 음주결과기대와 가치 탐색

음주결과기대란 음주행동으로 기대하는 결과를 의미하며, 단기적인 긍정적 결과에 대한 이득(pros)과 부정적이며 장기적인 결과인 손실(cons)로 구분한다. 내담자가 음주행동에 대한 기대가 긍정적일수록 음주행동을 지속할 가능성이 높고 음주행동에 대한 변화를 생각할수록 부정적 결과에 대한 언어적 표현이 많아진다. 이러한 음주결과기대를 삶의 우선순위인 가치와 연결 지어 생각해 보도록 할 때 내담자는 궁극적으로 변화의 필요성과 변화의 방향에 대한 초점이 분명히 드러날 수 있다. 음주결과기대와 가치 탐색에 대하여 적용할 수 있는 열린질문하기의 예는 다음과 같다.

● **음주결과기대 탐색** ●

음주행동으로 당신이 기대하는 결과는 무엇입니까?

음주행동으로 일어나지 않았으면 한 결과로 무엇이 일어났습니까?

음주행동을 계속하는 경우 당신의 삶 속에서 기대하는 것은 무엇입니까?

음주행동을 계속하는 경우 당신의 삶에 어떠한 결과가 일어날까요?

음주행동 후 주로 생각하는 것은 무엇인가요?

당신이 상담을 받고자 하는 이유가 궁금하네요. (열린질문하기)

또 어떤 점이 있을까요? (내담자가 없다고 할 때까지 계속 질문하기)

● **가치 탐색** ●

당신의 삶 속에서 가장 중요하다고 생각하는 것이 무엇인지 궁금하네요.

지금부터 5년 뒤 당신이 어떤 모습이기를 원합니까?

당신이 삶에서 가장 이루어 내고 싶은 것은 무엇입니까?

---

4. 유발하기

　유발하기는 동기면담에서 가장 중요한 과정이며, 변화에 대한 내담자의 동기와 핵심 이유를 이끌어 내면서 변화를 준비하는 과정이다. 동기면담의 목표는 변화대화를 강화하는 것이며, 변화대화가 존재한다는 것은 실제적인 변화를 예측한다. 면담자는 작업을 하는 동안 지속적인 변화대화의 징후를 인식하고 대처할 수 있어야 하며, 내담자의 희망을 강화하고 이끌어 내는 것도 포함된다. 양가감정은 적어도 두 개의 반대 방향으로 밀거나 당기는 상황이 동시에 포함되는 상황으로 변화하는 과정에 있어 정상적인 반응이다. 내담자는 오랫동안 이 상태에 머물 수 있다. 내담자는 아무것도 할 수 없다고 생각할 수 있으며, 양가감정이 매우 불편할 수 있으므로 현재의 행동을 유지하는 것이 가장 좋다고 생각할 수도 있다. 유발하기는 내담자가 중독 행동을 바꾸는 방향으로 양가감정을 해결하도록 돕는다. 중독과 관련된 변화대화 유형은 다음과 같이 나타난다.

1) 변화대화

궁극적으로 동기면담 기술은 내담자의 **변화대화**를 이끌어 내는 것으로 DARN-CAT는 변화에 대한 논의를 이끌어 낼 때 유용하다. 변화 준비와 관련된 예비적 변화대화는 욕구, 능력, 이유, 필요이며, 변화행동을 예측하는 활동적 변화대화는 결단, 활성화, 행동 실천으로 설명된다. 면담자가 내담자에게서 표현되는 변화대화의 유형을 인식하고 변화대화를 유발하기 위한 질문 유형을 활용하면 이들의 변화에 대한 결정을 이끌어 내는 데 유용하다.

다음의 예는 중독에서 표현되는 각각의 변화대화의 예들을 보여 주고 있다.

- 욕구
욕구는 보통 want, like, wish 또는 hope 동사를 포함한다.
예: '술을 그만 마시고 싶습니다. 직업을 갖게 되어 그만 마시고 싶어요.'

- 능력

  능력은 자신에 대한 확신으로 '할 수 있어요.'로 표현된다.

  예: '작년에 몇 달 동안 술 마시는 것을 그만뒀습니다. 다시 그만 마실 수 있습니다.'

- 이유

  이유는 변화가 도움이 될 수 있는 이유를 나타낸다.

  예: '도박장에 가는 것을 그만두면 돈을 못 땄을 때 경험하는 우울한 감정을 피할 수 있을 것입니다.'

- 필요

  필요는 변화에 대한 중요성을 표현한다.

  예: '아버지가 빚에 대해 알기 전에 무언가 해야 합니다.'

- 결단

  결단은 앞으로 변화와 관련된 행동을 시작할 가능성을 나타낸다.

  예: '오후 2시에 상담센터에 전화하겠습니다.'

- 활성화

  활성화는 변화행동에 관한 실제적인 움직임을 나타낸다.

  예: '재활센터 입소에 관하여 문의전화를 하였습니다.'

- 행동 실천

  행동 실천은 변화와 관련해 이미 어떤 행동, 무언가를 했거나 변화를 위해 어떤 조치를 취했음을 나타낸다.

  예: '지난주에 금주모임(AA)에 갔습니다.'

● 변화대화를 이끌기 위한 질문 유형 ●

변화 욕구(D): "어떻게 음주행동을 바꾸고 싶으세요?"

변화 능력(A): "어떻게 하면 음주행동을 바꿀 수 있을까요?"

변화 이유(R): "음주행동을 그만두면 어떠한 점이 좋을까요?"

　　　　　　　"도박 행동을 바꾸는 가장 중요한 이유는 무엇인가요?"(장점)

변화 필요(N): "음주행동을 바꾸는 것이 얼마나 중요한가요?"(필요)

결단(C): "무엇을 할 건가요?"

활성화(A): "어떤 준비가 되어 있나요?"

행동 실천(T): "이미 하고 계신 것은 무엇인가요?"

---

2) 변화대화 유발하기

변화동기와 변화대화를 유발하기 위하여 지각된 불이익에 대한 걱정과 변화의 이익에 관한 인식 여부를 열린질문 형태로 사용한다. 주요 내용은 중요성 척도 사용하기, 문제가 있기 전 상황과 현재 상황을 비교하기 위한 과거 되돌아보기, 변화된 미래를 예상해 보기, 최악의 상황을 생각하거나 변화된 후 가장 좋은 점이 무엇인지 탐색하는 극단적 질문하기와 내담자의 목표와 가치를 탐색하고 차이를 극대화하는 질문 등이 있다.

● 중요성 척도 사용하기 ●

음주행동 유지에 관한 열린질문

음주행동을 유지할 때 얻는 이득을 생각했을 때 어떠한 점이 있을까요?

또 어떤 것이 있을까요? (내담자가 생각나지 않는다고 할 때까지 계속 질문)

음주행동 변화에 관한 열린질문

음주행동 변화에 대한 생각을 듣고 싶네요. 상황이 어떻게 달라지기를 원하나요?

음주행동을 바꾸었을 때 얻는 이득에 대해 생각해 보세요. 어떤 것이 있을까요?

현재 당신은 어떤 점이 걱정됩니까?

5년 전과 비교해 어떤 점이 달라져야 한다고 생각되는지 궁금하네요.

또 어떤 것이 있을까요? (내담자가 생각나지 않는다고 할 때까지 계속 질문)

중요성 확인에 관한 열린질문

음주행동을 변화시키는 것이 얼마나 중요하나요?

(준비도 측정자를 설명하면서) 음주행동 변화가 아주 중요하면 10점, 중요하지 않으면 0점입니다. 결과가 어떻게 되나요?

(0점이 아닌 경우) 0점이 아닌 그 점수를 준 이유가 궁금하네요.

어떻게 하면 3점을 5점이나 6점으로 높일 수 있을까요?

● 극단적 질문하기 ●

당신이 음주행동을 지속했을 때 상상할 수 있는 최악의 일은 무엇인가요?

당신이 음주행동을 바꾼다면 가장 좋은 건 무엇일까요?

● 과거 돌아보기 ●

당신이 인생에서 가장 잘 지낼 때가 언제였는지 이야기해 보세요.

10년 전의 당신과 지금의 당신 사이에 어떤 차이가 있는지 궁금합니다.

● 미래 예상하기 ●

음주행동을 변화해야 한다고 결정할 때 앞으로 무엇이 달라질 것으로 예상하나요?

5. 계획하기

계획하기는 내담자가 변화를 구체적으로 수행할 수 있는 방법에 대해 생각하도록 돕는 단계이다. 이 단계는 내담자가 변화에 대해 집중하고 행동계획을 개발하는 것을 포함한다. 내담자에 따라 계획을 개발하고 행동으로 이동하도록 돕기 위해 지속적인 지원이 필요할 수 있다. 내담자가 변화하는 데 장애물을 탐색하고 특히 음주 충동 상황에서의 행동 조절을 수립하도록 돕는다. 내담자의 변화에 대한 계획을 수립할 때 변화계획 작업표를 사용하면 더욱 유용하다(제5장 참조).

다음은 행동 조절을 위한 계획하기에서의 동기면담 적용 예를 보여 준다.

"이제 김동기 님과 당신의 음주충동을 잘 조절할 수 있는 방법에 관해 생각해 볼까 하는데 어떠신가요? 행동 변화에 대한 결정은 오직 김동기 님만 할 수 있어요. 전 김동기 님이 하겠다고 하면 언제든지 도움을 드릴 것입니다. 어떤 방법이 변화를 이루는 데 도움이 될까요? 또 무엇이 있을까요?, 그렇게 했을 때 문제가 되는 건 무엇일까요? 어떻게 하면 될까요? 당신과 제가 어떠한 부분을 걱정해야 할까요? [이끌어내기-제공하기-이끌어내기(E-P-E)를 통해 생각을 발전시키도록 질문하고 알고 있는 정보를 제공하고 다시 반응을 살피는 과정을 반복한다.]"

6. 동기증진전략

중독 행동의 변화를 위해서는 무엇보다도 자발적으로 내담자의 변화동기를 증진시켜 변화를 계획하고 실천하도록 도와야 한다. 문제행동의 변화를 위한 동기증진 전략은 FRAMES, 의사결정균형 연습, 불일치의 인지, 내담자 속도에 맞추기, 내담자가 개입에 참여 하지 않는 동안에도 지속 관리하기로 소개하였다(SAMHSA, 1999). 각각의 전략은 동기면담의 정신을 바탕으로 동기면담의 기술을 활 용하여 개입한다.

1) FRAMES

면담자의 임상적 면담 기술인 동기면담은 동기증진 개입의 주 요 전략으로 FRAMES는 단기개입에서 효과를 보인 여섯 요소의 앞 글자를 따 중독 행동 변화에 관한 개인의 책임감을 강조하는 동기 증진 전략으로 활용되었다. 현재의 중독 양상과 중독으로 인한 질 환 발생 등 관련 문제와 발생 가능한 위험을 인식하도록 내담자의 설문 평가 결과 등에 관하여 피드백(Feedback)한다. 문제행동 변화 에 대한 내담자의 목표나 관점을 강요하지 않고 변화의 목표를 자 발적으로 선택하도록 개인의 책임감(Responsibility)을 강조한다. 내 담자가 원하면 교육하거나 지시적이지 않은 방식으로 문제행동을 감소시키거나 변화하도록 조언(Advice)하고 해결 방법을 토론한 다. 개입의 본질인 문제행동의 감소에 대한 목표 수립과 문제행동 상황에 직면하거나 고위험 중독 상황에서의 알코올 섭취를 피하게 하는 기술 발달 등 내담자에게 적합한 다양한 전략을 제공한다 (Menu of strategy). 상담과정에서 음주 문제 해결에 매우 효과적인 온정적이고 반영적인 공감(Empathy) 반응으로 건강한 방향으로 이동하도록 돕고 자기효능감(Self-efficacy)의 증진으로 변화동기를 강화한다.

평가할 때

이렇게 귀중한 시간을 내어주셔서 감사합니다. 다른 사람들이 당신에 대해 뭐라고 얘기합니까? 다른 사람들이 걱정하는 것은 무엇입니까?

계속 탐색할 때

또 무엇이 있나요?

정보를 제공할 때

당신과 같은 상황에 있는 분들을 몇 분 알고 있습니다. 그분들과 경험한 것 중 혹시 당신에게 도움이 되게 몇 가지 알려 드려도 될까요?

---

2) 피드백

피드백은 개인을 대상으로 문제행동이 더 이상 진행되지 않도록 지식과 규범적 태도를 변화시킬 목적으로 단순한 조언(simple advice)부터 몇 개월간의 광범위한 정보를 제공하는 접근으로 제공되었다(DiClemente, Marinilli, Singh, & Bellino, 2001; Riper et al., 2009). 피드백은 원래 문제 음주의 예방을 위한 미디어 홍보, 리

플릿, 포스터 및 이메일 등을 통한 캠페인 접근이 대학생들의 또래 음주 규범을 지속적으로 잘못 지각하였기 때문에 대두되었다(Cunningham et al., 2012). 특히 피드백은 단기개입 접근을 실행하는 데 많은 비용이 들 뿐만 아니라 문제음주자 접촉의 어려움과 이들의 80%가 전문가를 만나는 횟수의 제약으로 직접적인 도움을 받지 못하는 문제점을 개선하기 위하여 수행되었다(Riper et al., 2009).

규범적 태도는 다른 사람의 행동에 대한 주관적인 지각을 의미하며, 지각된 규범은 개인의 행동에 두 단계로 영향을 준다(Borsani & Carey, 2003). 먼저 개인의 행동을 지각된 규범과 비교하고 다음으로 과장된 행동 규범을 자신의 행동에 대한 기준으로 적용하는 과정을 통해 과도한 중독 행동을 하게 된다. 피드백은 음주행동의 규범적 태도에 대한 비교가 문제음주자의 행동 양상과 위험 인식의 시발점이 되고 문제음주행동을 줄이도록 동기화한다. 이 개입은 자신의 음주행동 양상이 동료들의 음주행동에 대한 지각으로 영향을 받는 경우 그러한 지각이 현실과 다르다는 것을 알려 주는 정보를 음주자에게 피드백할 때 그들의 가치와 행동 사이의 불일치를 유발하고 결과적으로 문제음주행동도 감소한다. 타인의 음주행동을 과다하게 인식할수록 불일치감의 수준도 더욱 증가되는 경향을 보인다. 검사 결과에 대한 피드백을 제공할 때 중요한 점은 피드백하려는 내용에 대한 대상자의 느낌이나 생각이 무엇인지 질문하고 반영하는 것이다. 대상자가 걱정하는 것이 무엇인지 알려 주는 것보다 대상자 스스로 걱정을 표현하도록 하고 대상자가 이해하는 언어로 소통한다.

피드백할 때

이제 당신에게 많은 정보를 알려 줄 것입니다. 만약 당신이 이해되지 않는 부분이 있다면 질문해 주세요. 필요하다면 다음 시간에도 할 수 있으니 조금이라도 이해되지 않으면 질문해 주세요. 이 결과에 대해 어떻게 생각하십니까? 당신이 기대했던 것에 비추어 볼 때 결과는 어떻습니까? 이 결과에 대해 당신은 어떻게 느끼십니까? 이해가 되시나요? 제가 잘 전하고 있나요?

3) 내담자 속도에 맞추기

내담자 속도에 맞추기(flexible pacing)는 모든 내담자는 자신만의 속도로 변화단계를 거쳐 변화를 성취하기 때문에 내담자의 변화 준비 정도를 평가하고 변화 과정 촉진을 고려하는 방법이다(SAMHSA, 1999). 중독 문제는 내담자마다 강도나 기간, 효과 및 주요 영역에서 차이가 있으며 중독자가 수용하려는 치료적 형태도 다양한 특성을 보인다(IOM, 1990). 따라서 중독자의 특성과 보이는 문제에 대한 평가와 프로그램 제공이 내담자 맞춤형으로 제공되어야 하고 입원 형태가 아니라 비집중적인 형태에 동기증진 형태의 자기 관리적 접근이어야 한다(Sobell & Sobell, 1993). 과거에는 중독으로 인한 문제나 문제의 수준을 고려하지 않은 채 표준화된 치료를 제공하였으나 심층적인 초기 평가를 통해 내담자의 개별화된 욕구를 반영하여 맞춤형으로 중독 문제에 대한 치료가 제공될 때 효과도 긍정적인 것으로 보고되었다(SAMHSA, 1999). 나선형으로 변화단계를 이동하는 내담자 특성상 많은 시간이 걸릴 수도 있기에 변화를 도울 때 내담자 속도에 맞추는 특성은 반드시 고려되어야 한다.

"당신이 아직 준비가 되어 있지 않아도 괜찮습니다. 언제든지 당신이 오늘 얘기 나누는 것에 대한 준비가 되어 제게 도움을 원하면 기꺼이 돕겠습니다."

4) 의사결정균형 연습

의사결정균형 연습(decisional balance exercise)은 음주행동 변화의 이득과 손실에 관한 인지적 평가 과정이 기반이다(Sobell et al., 1996). 이는 음주행동의 손실을 두드러지게 하여 음주행동으로 인한 인지된 보상을 감소시키고 음주행동 변화의 이득을 강조하며 변화의 손실과 같은 잠재적인 장애를 확인하여 문제음주행동의 변화동기를 촉진한다(SAMHSA, 1999; Miller & Rollnick, 2002; Miller & Rollnick, 2013). 의사결정균형 연습을 적용할 때는 내담자에게 긍정적인 내용부터 이야기하도록 유도하는 것이 효과적이다. 즉, 내담자가 중독 행동을 지속하는 경우와 그만두는 경우의 긍정적 결과인 이득과 부정적인 결과인 손실에 관하여 고민하도록 개방형으로 질문하고 내담자가 더 이상 할 이야기가 없다고 할 때까지 '말씀하신 것 외에 또 무엇이 있나요?'와 같이 질문한다. 의사결정균형 연습은 부정적 상황을 저울질하고 인식하도록 돕기 때문에 내담자의 변화목표를 강화하는 효과가 있다(SAMHSA, 1999).

5) 지속적 관리하기

내담자가 개입에 참여하지 않는 동안에도 지속적 관리하기는 치료에 참여하지 않는 내담자와 치료적 관계를 강화하는 접촉의 지속성을 유지하는 전략이다(SAMHSA, 1999). 이러한 접근은 치료 의뢰와 치료에 머무르는 경우를 높이고 치료 이행도 증진시킨다.

7. SBIRT 적용 사례

다음은 문제음주자의 음주행동이 진행됨으로써 발생 가능한 폐해를 예방하기 위하여 음주 문제 선별, 단기개입, 의뢰 및 치료(Screening, Brief Intervention, Referral to Treatment: SBIRT)를 적용한 사례이다.

1) 음주 문제 선별

음주 문제 선별(screen)은 내담자가 음주 문제를 인식하지 못하는 경우가 많기 때문에 내담자의 음주 정도에 대한 주변인의 평가부터 음주빈도와 음주량을 열린질문하기와 인정하기, 반영적 경청 기술을 활용하고 자율성 강조하기 등을 활용하고 있다.

예 **내담자의 음주 문제 선별 사례**

면담자: 최근 기록을 보니 다쳐서 병원에 자주 가셨네요. 그때마다 술을 드신 상태였고요. 알코올은 오늘 김동기 님이 발목을 다친 것처럼 상해와 관련이 많죠. 그리고 고혈압도 유발할 수 있어요. 최근 들어 회사에 출근하는 것도 어려웠던 것 같고요. 저는 김동기 님의 음주가

조금 걱정됩니다. 괜찮으시다면 몇 분 동안 김동기 님의 음주에 대해 알아볼 수 있는 시간을 가져도 될까요? **(열린질문하기, 관계형성하기)**

내담자: 선생님이 얘기하고 싶은 것…… 얘기하세요.

면담자: 김동기 님에 대해 최근 주변에서 자주 얘기하는 건 무엇인가요? **(열린질문하기)**

내담자: 선생님, 저를 걱정해 주셔서 고맙습니다. 허나 우리 남자들은 이 정도는 다 마신다고요. 이렇게 살든 말든 그냥 내버려 두세요.

면담자: 저는 김동기 님의 삶의 방식을 간섭하려고 하는 게 아니에요. 단지 김동기 님에게 필요한 도움이 무엇인가 알아보고자 하는 거예요. 저는 오늘 김동기 님의 음주가 삶 속에서 어떤 영향을 주는지 함께 얘기해 보려는 거예요. **(자율성 강조하기)**

내담자: (다소 누그러져) 얘기하세요.

면담자: 불편할 텐데 함께 얘기할 수 있는 시간을 주셔서 고맙습니다. 평소 얼마나 자주 술을 드시나요? **(인정하기)**

내담자: (망설이며) 거의 매일 마셔요.

면담자: 술 마시는 일상이 중요하네요. 한 번 마실 때 술을 얼마나 마시게 되나요? **(반영적 경청)**

내담자: 한 병이나 친구를 만나면 한 병 반 이상 마셔요. 그게 문제라고 말하려는 거죠……. 전 잘 지내 왔어요. 아무 문제도 없었다고요.

2) 단기개입

단기개입(brief intervention)은 음주행동으로 인하여 내담자가 경험한 문제에 대한 평가와 함께 음주행동 변화에 대한 필요성을 인식하도록 유도한다. 내담자는 진정으로 본인이 원하는 일상에서의 모습과 자주 음주하는 상황을 살펴보면서 변화동기를 증진하게 된다.

예 **음주문제에 대한 단기개입 사례**

면담자: 음…… 김동기 님께 뭐라고 하려는 게 아니에요. 그러나 알코올은 균형감을 잃게 하고 판단력도 흐리게 하죠. 때때로 김동기 님이 얼음판에서 보아 왔던 것을 못 보게 할 수도 있어요. 그럴 가능성이 있다고 생각되네요. **(반영적 경청)**

내담자: 거의 그럴 가능성이 있죠.

면담자: 김동기 님에게 도움이 되는 정보를 드리고자 하는데요. 혹시 알코올 섭취와 관련해 당신이 알고 계신 걸 제가 좀 들어 볼 수 있을까요? **(허락구하기, 열린질문하기)**

내담자: 술은 마셔도 그런 생각은 해 본 적이 없어서…… 별로 할 얘기가 없네요.

면담자: 알코올은 점점 더 노화를 촉진하고 처방 약물을 복용하는 데도 영향을 줄 수 있죠. 65세 이상의 남성에게 정해 놓은 음주 가이드라인을 보면 하루 한 잔이라고 되어 있어요. 그래서 우리도 하루 한 잔이라고 얘기하죠. 술의 종류와 상관없이 한 잔이라고 얘기해요. 김동기 님이 적정 음주량을 지키게 되면 덜 다쳐 더 이상 병원에 가지 않을 수 있고 혈압도 높이지 않을 거라고 얘기하고 싶네요. 이제 좀 다른 얘기를 해 볼까요? (준비도 측정자를 제시하면서) 측정자의 1~10점 중 어디쯤 계신가요? 1점은 음주 양상의 변화에 대하여 전혀 생각

하지 않는 경우이고, 10점은 음주의 변화에 대해 준비된 상태예요. 어느 점수대에 있나요? **(정보제공하기, 중요성 확인)**

내담자: 아마 5점 정도인 것 같네요.

면담자: 좋아요. 5점이면 50% 정도는 변화에 대해 생각한다는 거네요. 어떻게 2~3점이 아니라 5점이죠? **(반영적 경청)**

내담자: 음…… 잘 모르겠어요. 이야기를 들으면서 선생님이 제게 얘기한 것에 대해 생각해 보았어요. 솔직히 선생님이 얘기한 최고 음주량에 대해서는 생각하지 않았어요. 그러나 선생님이 얘기한 대로 균형을 잃어 발목을 다친 건 맞아요.

면담자: 김동기 님이 오늘 술을 마셨기 때문에 신체 균형을 잃었고 일하다가 떨어졌다는 거네요……. 혹시 김동기 님이 지금 원하는 것은 무엇인가요? **(열린질문하기, 변화대화 유발)**

내담자: 음…… 저는 이렇게 계속 다치고 싶지는 않아요.

면담자: 저도 김동기 님이 그렇게 살고 싶어 하지는 않는다는 생각이 드네요. 당신 삶에 중요한 것들에 대해 이야기 나눌 수 있을까요? **(반영적 경청, 허락구하기)**

내담자: 아내가 살아 있을 때 전 술을 거의 마시지 않았죠. 6개월 전 운전을 해야 했어요. 그런데 술 마시지 않으려 해도 그럴 수가 없었어요. 얼마 전까지 제가 회사를 다녔는데, 작업을 하는 데 자꾸 영향을 주기 시작했어요. 저는 꽤 잘 지내는 것처럼 계속 술 문제를 감추었죠.

면담자: 그런 얘기를 하시는 걸 보니 이젠 바꿀 때가 된 거라는 생각을 하셨네요. 무슨 일이 있었는지 더 얘기해 주실 수 있으세요? **(반영적 경청, 열린질문하기)**

내담자: 엄마를 잃은 후 아이들도 자꾸 방 안에서만 지내는 시간이 많아졌

어요. 집 가까이 친구가 한 명 있었는데 술 마시러 가자고 하더군요. 그 후 술집에서 보내는 시간이 점점 많아졌어요.

면담자: 쉽지 않은 얘기를 해 주셔서 감사해요. 김동기 님에게 술은 사람들과 함께 있게 해 주고 아내를 잃은 허전함도 달래 주네요. 만약 부인이 본다면 어떻게 말할 거라고 생각하시나요? **(인정하기, 반영적 경청, 열린질문하기)**

내담자: 지금처럼 술 마시는 나를 본다면 뭐라 말할지 상상도 안 돼요. 혼자 사는 게 술을 조절하는 것보다 훨씬 쉬운 일인 것 같아요.

3) 치료를 위한 의뢰

다음의 치료를 위한 의뢰(referral to treatment)는 내담자의 음주행동 변화를 돕고자 지역 내 치료를 위한 자원으로 의뢰하기 위한 상황을 보여 준다.

예 음주 문제 치료를 위한 의뢰 사례

면담자: 김동기 님이 술을 덜 마시는 것에 대해 생각해 볼 수도 있다는 얘기처럼 들리는데요. 술을 조절해서 마시는 게 어렵다는 건 남과 다르게 술 문제가 있을 수도 있다는 거예요. 혼자 사는 게 술을 조절하는 것보다 어렵다는 사람들도 있는데 김동기 님은 이 말에 대해 어떻게 생각하세요? **(반영적 경청, 관점 전환, 열린질문하기)**

내담자: 음…… 술을 마시지 않으려고 시도해 봐야겠어요. 그런데…… 일도 안 하고…… 그러니까 병원 가는 것도 쉽지 않네요. 회사 보건관리자님이 저를 관리해 주고 있어요. 음주충동이 일어나면 어떻게 해야

할지 생각해 보지 않아서 무엇부터 해야 할지 자신이 없어요…….

면담자: 무언가 해 볼까 고민하시다니 긍정적 변화네요. 원한다면 제가 정보를 알려 드려도 될까요? 김동기 님처럼 무언가 해야 하는데 자신이 없는 분들을 위해 중독관리통합지원센터에서 상담이나 프로그램 같은 걸 운영하고 있어요. 그곳이라면 음주 조절에 대한 도움을 받을 수 있을 거예요. **(반영적 경청, 허락구하기, 정보제공하기)**

내담자: 제가 계속 만나고 있는 보건관리자님께 먼저 물어볼게요. 약속도 자꾸 잊어버리고…… 좀 두려워요. 제가 또 다칠 수 있다는 생각도 걱정되고요. 마음속에서 술에 관한 생각을 다르게 하게 된 건 맞아요.

면담자: 그건 변화에 대한 생각이라고 느껴지는데 어떤가요? 이제 김동기 님이 계획한 일을 지키는 것이 중요해요. 김동기 님의 생각을 요약하면 첫째, 보건관리자분과 음주충동 감소와 단주 계획에 대해 상의한다. 둘째, 근처 중독관리통합지원센터에 관한 정보를 확인한다. 제가 지금 얘기한 게 맞나요? **(열린질문하기, 요약하기)**

내담자: 네……. 맞아요. 감사합니다.

면담자: 당신 스스로 생각한 계획들을 잘 지키셨으면 합니다. 시간 내주셔서 고맙습니다. **(자율성 강조하기)**

내담자: 저를 진심으로 걱정해 주셔서 고마워요.

📝 참고문헌

강경화. (2016). 문제음주자를 위한 맞춤형 동기증진 프로그램의 개발 및 평가. 서울대학교 대학원 박사학위논문. 서울.

Borsari, B., & Carey, K. B. (2001). Peer influences on college drinking: A review of the research. *Journal of Substance Abuse, 13*(4), 391–424.

Center for Substance Abuse Treatment. (1999). *Enhancing Motivation for Change in Substance Abuse Treatment*. Substance Abuse and Mental Health Services Administration (US).

Cunningham, J. A., Neighbors, C., Wild, T. C., & Humphreys, K. (2012). Normative misperceptions about alcohol use in a general population aample of problem drinkers from a large metropolitan city. *Alcohol and Alcoholism, 47*(1), 63–66. doi:10.1093/alcalc/agr125

DiClemente, C. C., Marinilli, A. S., Singh, M., & Bellino, L. E. (2001). The role of feedback in the process of health behavior change. *American Journal of Health Behavior, 25*(3), 217–227.

Institute of Medicine (1990) *Broadening the base of treatment for alcohol problems*. Washington: National Academy press.

Miller, W. R. (1983). Motivational interviewing with problem drinkers. *Behavioural and Cognitive Psychotherapy, 11*(2), 147–172.

Miller, W. R., Benefield, R. G., & Tonigan, J. S. (1993). Enhancing motivation for change in problem drinking: A controlled comparison of two therapist styles. *Journal of Consulting and Clinical Psychology, 61*(3), 455.

Miller, W. R., & Rollnick, S. (2013). *Motivational interviewing: Helping people change*. New York: The Guilford Press.

Miller, W. R., & Rollnick, S. P. (2002). *Motivational interviewing: Preparing people for change*. New York: The Guilford Press.

Naar, S., & Safren, S. A. (2017). *Motivational interviewing and CBT: Combining strategies for maximum effectiveness*. New York:

Guilford Press.

Riper, H., van Straten, A., Keuken, M., Smit, F., Schippers, G., & Cuijpers, P. (2009). Curbing problem drinking with personalized-feedback interventions: a meta-analysis. *American Journal of Preventive Medicine, 36*(3), 247-255.

Rollnick, S., & Miller, W. R.(1995). What is motivational interviewing? *Behavioural and Cognitive Psychotherapy, 23*, 325-334.

Sobell, L. C., Cunningham, J. A., & Sobell, M. B. (1996). Recovery from alcohol problems with and without treatment: Prevalence in two population surveys. *American Journal of Public Health, 86*(7), 966-972.

Sobell, M. B. & Sobell, L. C. (1993). *Problem drinkers.* New york: The Guilford Press.

제9장
불안장애와 동기면담

삶의 갑작스러운 사건들로 경험하게 되는 불안과 공포는 누군가에게 그 생각만으로도 식은땀을 흘리게 하며 극심한 고통으로 가슴을 부여잡도록 하고 어찌할 줄 모르는 행동도 야기한다. 불안이란 위험을 지각할 때 보이는 반응으로, 실제 위험이 없어도 극심한 불안과 공포를 느낄 수 있다. 지각된 위험에 반응할 때 보이는 신체의 투쟁과 도피 반응은 자신의 생존을 위해 공격하거나 안전을 위해 도피하는 형태로 나타난다. 내담자는 자신의 불편한 감정을 벗어나기 위한 변화가 어렵다고 생각하면서도 불안에서 자유로워지고자 노력하게 되며 불안을 극복하기 위해서 자신이 경험하는 두려움에 직면하고자 한다.

동기면담은 불안 증상을 변화시킬 필요성이 있으나 변화에 대한 심각한 양가감정으로 인하여 변화를 망설이는 내담자의 변화동기를 증진할 필요가 있을 때 활용된다. 특히 불안장애에 효과적인 치료법이라고 알려진 노출치료나 인지행동치료를 적용하기 전 동기면담을 활용하면 내담자의 변화에 대한 걱정을 감소시켜 이들의 양가감정 해결에 유용하다. 불안장애가 있는 내담자는 노출치료에 대하여 복합적인 반응을 보이는 경우가 흔하기 때문에(Arkowitz, 2015), 변화에 대한 양가감정을 해결하고 치료 수용성을 높이며 변화대화를 유발하는 것이 중요하다. 동기면담은 내담자의 불안 증상에 대한 초기 기능 평가, 변화를 실천하고자 하는 내담자의 변화대화를 강화하는 등 다양한 상황에 적용할 수 있다. 이 장에서는 불안장애가 있는 내담자의 행동 변화를 돕는 동기면담 적용 방법을 소개하고자 한다.

1. 관계형성하기

관계형성하기에서 면담자는 내담자와 함께 작업하는 첫 단계로 내담자의 불안과 관련된 대화를 나눌 준비를 하며 앞으로의 개입에 대한 작업 계약을 맺게 된다. 내담자가 자신의 불안을 두려움 없이 드러낼 수 있도록 말할 수 있는 분위기를 만들어 주고 앞으로의 과정에 참여하도록 유도한다.

> "괜찮다면 당신에 대해 몇 가지 질문을 하고 싶습니다. 당신과 비슷한 상황에 있는 대부분의 사람에게 제가 이러한 질문들을 함으로써 그들이 겪었던 경험에 관해 더 잘 이해할 수 있었습니다. 함께 이야기할 의사가 있으십니까? 만일 불편한 마음이 든다면 언제든지 이야기해 주세

요. 어떠신가요? 대부분의 사람들은 현재 본인이 생각하고 느끼는 것에 영향을 주는 사건들을 과거에 경험했습니다. 당신이 괜찮다면 당신에게도 그러한 경험이 있는지 질문하고 싶습니다."

1) 초기 기능 평가 준비

불안장애를 보이는 내담자의 변화를 돕기 위해서는 내담자의 변화준비도 평가와 함께 주요 문제와 관련된 상황, 인지적·행동적 특성 등에 관한 초기 기능을 평가하여야 한다. 이는 내담자가 자신에 대한 중요한 정보를 공유하는 과정으로, 내담자와 면담자가 함께 작업하기 위한 만남을 시작하고 관계를 형성하는 데 도움이 된다. 초기 기능 평가 과정을 통하여 내담자는 자신의 불안 경험에 대한 정보를 제공하고 면담자는 추후 변화를 돕는 전략을 수립하기 위하여 내담자의 경험을 잘 이해하려고 한다. 면담자는 내담자가 불안 경험에 대한 전문가임을 언급하면서 그가 가진 전문성을 충분히 발휘하도록 수용하는 마음을 보여 주고 초기 기능 평가에 참여하도록 유발할 필요가 있다.

"얼마 전 당신이 경험한 폐쇄 공포에 대한 두려움을 어떻게 함께 작업해야 할지 알아보고자 합니다. 아마 오늘은 처음이라 서로에 대해 알아 가고 서로에 대한 정보를 공유하는 시간이 될 것입니다. 우리 각자가 자신만의 경험을 가진 전문가라고 생각하고 그러한 경험을 이곳으로 가져오는 시간을 보냈으면 좋겠습니다. 저는 폐쇄 공포가 무엇인지, 또 이를 일반적으로 어떻게 극복할 수 있는지에 대해 잘 알고 있습니다. 하지만 모든 사람에게 폐쇄 공포가 똑같이 나타나지는 않기 때문에 당신이 경험하고 있는 그 불편감에 대해서는 당신의 전문적 경험을 통해 더욱 잘 이해하고 싶습니다. 저는 폐쇄 공포 경험에서는 당신이 전문가라고 생각합니다. 당신의 폐쇄 공포가 언제 어떻게 나타나는지, 그러한 상황에서 당신이 어떻게 반응하는지 우리가 갖고 있는 전문 경험을 공유하면서 당신에게 가장 도움이 되는 시간이 되었으면 하는 바람입니다."

2) 전형적인 하루

초기 평가에서도 내담자에게 전형적인 하루 일과를 설명하도록 하거나 최근 경험한 불안 상황에 대한 대화를 나누면서 만남을 시작할 수도 있다. 불안 상황에 대한 정보는 불안을 유발하는 촉발인자와 불안을 지속시키는 생각과 내담자가 취하는 행동 등에 대한 주요 단서를 제공한다. 면담자는 내담자의 경험을 충분히 이해하기 위하여 상세하게 질문하고 반영적으로 경청할 준비가 되어 있어야 한다. 다음에서는 동기면담의 열린질문하기 기술을 활용하여 내담자의 불안장애에 대한 개입과 불안의 수준을 파악하는 증상 평가의 예를 보여 준다.

"최근 당신의 하루를 떠올린 후 그날 당신이 어떠한 상황에 있었는지 제가 이해할 수 있도록 이야기해 주세요. 그날 당신은 어떠했는지, 만약 당신이 불안과 관련된 상황이 있었다면 그 상황과 그때 당신이 무슨 생각을 했는지, 어떠한 마음이 들었는지, 신체적으로 어떤 변화를 경험했는지, 그때 당신이 한 행동은 무엇인지, 그 상황은 어떻게 되었는지 이야기해 주세요."

다음은 전형적인 하루를 활용해 내담자와 관계를 형성하는 사례를 보여 준다. 내담자는 자신의 증상과 관련된 특정 하루를 매우 상세하게 표현하면서 면담자와 동맹관계를 형성하게 된다.

예 전형적인 하루를 활용한 관계형성하기 사례

면담자: 당신의 삶에 불안이 얼마나 영향을 주고 있는지 알아볼 필요가 있는 것 같아요. 당신에게 시급한 관심사로 보이거든요. 당신의 생각은 어떤가요? **(열린질문하기)**

내담자: 그런 셈이죠. 사람들과 어울려야 한다는 생각이 머릿속에 떠오르면 너무나 불안해져요.

면담자: 당신을 불안하게 하는 건 사람들과의 만남이네요. 그 생각으로 당신이 고통스러움을 경험한다니 안타깝기도 합니다. 제가 당신의 불안에 대해 더 잘 이해할 수 있도록 최근 1주 정도 당신의 일상을 떠올린 후 당신의 불안과 관련된 이야기를 나누고 싶네요. **(반영적 경청, 열린질문하기)**

내담자: 으…… 전 주로 밤에 일하기 때문에 12시쯤 일어납니다.

면담자: 평소 12시쯤 일어나는군요. 그 후엔 무엇을 하나요? **(단순반영, 열린질문하기)**

내담자: 작업 관련해 거래처에서 온 메일에 사람을 만나야 하는지 확인합니다.

면담자: 사람들과 미팅 약속이 있는지 점검하는군요. **(반영적 경청)**

3) 불안 증상 평가

내담자의 증상 평가는 초점맞추기 과정으로 면담을 진행하기 전 내담자의 불안에 대하여 자세히 살펴보는 과정이다. 주로 다음과 같이 내담자의 정서적 측면과 인지적 측면을 정확하게 표현할 수 있도록 질문하고 주의 깊게 경청한다.

> "먼저 당신이 최근에 경험한 불안 상황에 대해 자세히 듣고 싶습니다. 당신이 이야기하는 동안 당신의 생각, 느낌, 행동을 자세히 이해하고 있는지 확인하기 위해 제가 질문을 할 수도 있습니다. 어떤 상황은 당신이 별로 중요하지 않다고 생각할 수도 있는데 당신에 대해서 잘 이해할 수 있도록 최대한 자세히 이야기해 주시기 바랍니다. 당신에 대한 어떠한 정보라도 알아야 당신의 어려움을 이해할 수 있고 당신에 대한 이해가 충분해야 당신을 더 잘 도울 수 있게 됩니다. 이러한 이야기를 듣고 당신은 어떤 생각이 드시는지, 어떤 마음이 드는지 궁금합니다. 어떠신가요?"

불안 경험에 대한 정보를 얻는 열린질문하기

당신은 얼마나 불안이 심합니까?

얼마나 오랫동안 불안이 지속되었습니까?

당신이 불안을 느끼기 시작하는 순간은 어떤 상황입니까?

특별한 계기는 무엇이었습니까?

당신이 불안을 처음 느낀 순간에 대해 알고 싶습니다.

불안이 촉발되는 특정 상황이나 사건은 무엇입니까?

당신에게 두려운 결과가 나타날까 봐 피하게 되는 상황은 무엇입니까?

그러한 상황에 당신의 몸에서는 어떤 변화가 일어납니까?

당신에게 어떠한 일이 일어날까 봐 걱정하는 상황은 무엇인지 궁금합니다.

당신은 그러한 순간에 무엇을 합니까?

그러한 행동이 당신의 불안을 줄이는 데 어떻게 도움이 됩니까?

그 상황은 어떻게 해결되었습니까?

해결된 후 당신은 어떠한 기분이 들었습니까?

2. 초점맞추기

불안이 발생하는 상황과 자극에 대한 정보를 수집하고 논의해야 하는 안건을 정하는 **초점맞추기** 과정은 내담자가 불안 증상을 감소시키기 위하여 어떠한 방향으로 어떻게 갈지에 대한 목표를 정할 수 있으며 치료 계획 수립에도 주요하게 활용될 수 있다. 초점맞추기는 1회기에 끝나는 것이 아니라 지속적으로 이루어지며, 이 전에 내담자와 정한 변화에 대한 안건이 항상 지속되지도 않는다. 가고자 하는 변화의 방향을 정한 후 대화하다 보면 내담자의 양가감정, 주요 문제 등이 드러나면서 변화에 대한 초점이 분명해지고 달성 가능한 목표도 발견된다.

1) 촉발인자 확인하기

내담자 외부의 특정 상황과 자극, 내담자 내부에서 일어나는 신체 감각, 내담자가 원하지 않는 생각이나 떠올리고 싶지 않은 기억과 같은 촉발인자는 내담자의 불안을 더욱 증가시킬 수 있기 때문에 내담자는 이러한 인자를 피하고 싶어 한다. 그러나 내담자의 특정 인자에 대한 두려움은 불안을 더욱 유발하는 상황으로 진행될 수 있으며, 내담자는 점점 더 제한된 생각과 제한된 활동을 보일 수 있다. 따라서 내담자의 불안을 촉발하는 인자를 동기면담의 열린 질문하기와 반영적 경청 기술을 통하여 두려움과 기대 등을 더욱 상세하게 파악할 필요가 있다. 질문을 받은 내담자는 답변하고 싶지 않은 상황이나 촉발인자들을 생각하는 데 어려움을 경험할 수 있기 때문에 면담자는 이들의 이야기를 적극적으로 경청하고 정확하게 공감하려는 모습을 보여 주어야 한다. 다음은 촉발인자 확인하기를 적용하는 예이다.

당신이 구체적으로 두려워하는 것은 무엇입니까?

당신은 구체적으로 어떤 상황을 피합니까?

당신의 불안을 촉발하는 것은 무엇입니까?

당신은 어떤 상황에서 두려움이나 불안을 느끼기 시작합니까?

당신은 어떠한 신체 감각에 대해 걱정합니까?

당신의 몸에 어떠한 변화를 보일 때 불안합니까?

당신이 불안으로 경험하는 갑작스러운 복통, 피로감과 어지러움, 심계항진과 같은 신체 변화를 다른 사람들이 알아차릴까 봐 걱정합니까?

---

2) 특정 인자에 대한 경험 확인하기

면담자는 내담자의 불안과 관련된 맥락적 상황과 특정 인자에 대하여 종합적으로 평가하고 그러한 상황 속에서도 내담자의 변화 동기를 증진할 수 있도록 도와야 한다. 이러한 과정을 통하여 면담자는 내담자의 문제에 대한 초점을 맞추고 변화의 방향으로 나아갈 수 있다. 그러나 면담자가 초점맞추기 과정을 지나치게 성급하게 진행하는 경우 내담자에게 일방적으로 변화의 방향을 지시하는 행동을 하게 됨으로써 심리적 불편감이 증가될 수도 있다. 따라서 면담자는 변화의 방향을 탐색할 때 내담자의 전문성을 존중하는 모습과 상호협력적인 태도를 보여 줌으로써 동기면담의 정신이 온전히 전달되도록 하여야 한다. 이렇게 하다 보면 내담자와 면담자는 상호 신뢰를 기반으로 한 우선순위 안건에 대한 선택이 가능해질 뿐 아니라 변화 방향에 대한 동의가 이루어진다. 다음은 특정 인자에 대한 경험을 확인할 때 사용하는 열린질문하기 기술의 적용 예이다.

당신의 불안을 어떠한 생각과 기억이 촉발합니까?

당신은 어떠한 생각과 기억을 피하기 위해 애를 씁니까?

당신이 피하려고 애를 쓰는 생각과 기억은 무엇입니까?

당신의 생각이나 기억이 어떠한 점에서 두렵습니까?

당신은 어떠한 상황에서 두려움을 피합니까?

당신은 특정한 상황을 어떻게 피합니까?

당신이 악몽을 꿀 때만 두려운 생각을 하게 되는지 궁금합니다.

당신의 두려움에 대해 더 이야기해 줄 수 있는 내용은 무엇입니까?

이 상황에서 발생할 수 있는 최악의 시나리오는 무엇입니까?

당신이 두려움을 떨쳐 내고자 취하는 안전행동은 어떠한 것입니까?

당신이 안전행동을 하지 않는다면 어떠한 일이 일어날 것이라고 예상합니까?

만약 당신이 안전행동을 준비하지 않은 채 그 생각과 기억이 떠올랐을 때 일어날 수 있는 일은 무엇입니까?

두려움을 촉발하는 상황이라고 예상될 때 당신의 두려움과 불안을 다스리기 위
해 무엇을 합니까?

3) 안전행동 확인하기

내담자가 불안한 상황이라고 감지할 때 주로 하게 되는 생각과
기억뿐 아니라 이러한 상황으로 두려워하는 결과를 예방하는 행동
이나 내담자가 취하고 있는 안전행동 등도 자세히 확인한다. 면담
자는 내담자의 관점, 가치관, 신념과 감정을 이해하기 위하여 열린
질문하기를 활용하고 내담자는 그 질문에 대답하기 위하여 자신의
경험 등을 생각하게 되면서 보다 깊이 있게 이러한 상황과 행동을
탐색하게 된다. 다음은 내담자의 안전행동을 확인하고자 할 때 사
용하는 열린질문하기 기술 적용의 예이다.

당신을 편안하게 해 주거나 불안을 줄여 주는 것은 무엇입니까?
당신에게 안전함을 느끼게 해서 가지고 다니는 것은 무엇입니까?
그러한 것들이 두려워하는 결과에서 당신을 어떻게 안전하게 지켜 줍니까?
당신이 어떻게 할 때 두려운 결과가 일어나지 않습니까?
당신은 두려워하는 결과로부터 당신을 보호하기 위하여 어떤 행동을 합니까?
당신의 두려워하는 생각, 기억, 결과를 극복하기 위해 취하는 특별한 행동은 무
엇입니까?
당신이 두려워하는 결과가 끔찍한 일이 발생하는 상황을 예방하기 위해 어떠한
행동을 합니까?
만약 당신이 불안을 줄여 주는 것을 가지고 있지 않은 채 두려워하는 상황에 처
할 때 드는 느낌은 무엇입니까?

만약 당신이 불안을 줄여 주는 것을 가지고 있지 않은 채 두려워하는 상황에 처할 때 어떠한 일이 생길까 두렵습니까?

당신은 불안 때문에 상담이나 치료를 받아 본 경험이 있는지 궁금합니다.

어떠한 부분에서 상담이나 치료가 당신에게 도움이 되었습니까?

어떠한 부분에서 상담이나 치료가 당신에게 도움이 되지 않았습니까?

3. 유발하기

1) 유발적 질문하기

불안장애가 있는 내담자는 불안 증상을 피하거나 자신의 행동을 변화하려는 시도를 하게 된다. 이때 면담자는 유발적 열린질문하기를 통해 내담자가 진정 원하는 행동이 무엇인지를 탐색하고 반영적 경청을 통해 내담자의 변화대화를 이끌어 낼 뿐 아니라 상세하게 말하도록 해야 한다. 면담자는 내담자의 답변에 "당신 스스로도 변화해야겠다고 말하고 있군요. 당신이 진정으로 원하는 것은 무엇인가요? 삶의 어떤 부분이 지금의 당신을 변화해야 한다고 생각하게 하나요?"와 같이 내담자 삶에서 불안장애를 어떻게 인식하고 있는지 탐색하면서 새로운 관점으로 사고를 전환할 수 있도록 돕는다. 내담자가 변화하고 싶은 모습에 관해 생각하도록 함으로써 자신의 성공에 대한 경험과 대처 방법 등에 대하여 탐색할 수 있도록 한다. 다음은 내담자의 행동 변화와 관련된 욕구 등을 확인할 때 사용하는 열린질문하기 기술 적용의 예이다.

178

당신은 어떠한 모습으로 변화하고 싶습니까?

변화를 하면 어떤 점이 좋을까요?

당신에게 변화하는 것이 얼마나 중요합니까?

당신이 할 수 있는 것은 무엇입니까?

지금 당장 변화를 실행할 수 있다면 삶이 어떻게 좋아질 것으로 예상합니까?

지금 상황에서 당신은 어떠한 점을 걱정합니까?

불안장애 해결을 위해 어떠한 것을 해야겠다고 생각했습니까?

불안장애로 당신이 어려움을 겪었던 일은 무엇입니까?

당신이 불안장애로 염려하는 점은 무엇입니까?

구체적으로 당신이 걱정하는 것은 무엇입니까?

당신의 목표를 실현하는 데 현재 상황에서 걸림돌이 되는 것은 무엇입니까?

아무것도 시도하지 않는다면 당신의 삶은 어떻게 될까요?

당신이 변화를 결심했다고 가정했을 때 자신감을 갖게 하는 것은 무엇입니까?

당신이 변화를 원한다면 그것이 가능하다고 믿게 하는 것은 무엇입니까?

당신은 어떠한 방법으로 변화할 수 있습니까?

변화를 성공하는 데 도움이 되는 당신의 장점은 무엇입니까?

당신이 변화하기 위하여 당장 시도해 볼 수 있는 것은 무엇입니까?

당신이 현재 가장 이루기 원하는 것은 무엇입니까?

2) 상세하게 말하기

상세하게 말하기 과정을 통해 내담자는 불안장애와 관련된 변화대화를 말할 수 있게 되고, 궁극적으로 자신의 문제행동을 변화할 필요성이 있고 변화하도록 해야겠다는 방향으로 나아가게 된다. 내담자의 대화가 변화대화의 방향으로 향하게 되면 면담자는 내담자가 자신의 생각과 느낌 등을 보다 상세하게 말하도록 질문하고 변화와 관련된 동기가 더욱 확고해지도록 해야 한다. 내담자의 변화대화를 유발하는 가장 확실한 방법은 상상하기 질문과 가치질문 등을 통해 불안장애에 관한 변화를 구체적으로 말하도록 해야 한다. 내담자가 과거에 대처한 방법은 무엇이었는지, 좋아질 수 있는 방법은 무엇인지, 현재와 과거, 미래를 비교하면서 다양한 변화대화를 유발할 수 있다. 특히 상상하기 질문은 내담자의 문제행동이 자신의 삶을 방해하지 않았을 때의 과거로 돌아가 보게 하거나 변화를 성공한 미래를 예상해 보도록 함으로서 불안장애로 제한되었던 사고를 전환하는 계기가 될 수 있다. 다음은 내담자가 행동 변화에 대한 욕구와 예상되는 문제를 확인하고자 할 때 적용하는 열린 질문하기 기술의 예이다.

> 좀 더 자세히 이야기해 주세요. 이것이 문제라고 생각하는 이유는 무엇입니까?
> 얼마나 자주 증상을 경험합니까? 불안장애로 인해 경험한 문제는 무엇입니까?
> 불안장애로 가장 최근에 경험한 일은 무엇입니까? 그로 인해 무엇을 생각했습니까? 그로 인한 기분은 어떠했습니까?
> 불안장애가 시작되기 전과 지금은 무엇이 다릅니까?
> 불안장애로 당신의 삶의 모습이 어떠한지 이야기해 주세요.
> 또 어떠한 것이 있습니까?
> 아무 변화도 하지 않고 지금 상황이 지속된다면 가장 최악의 상황은 무엇입니까?
> 불안장애가 해결된다면 어떠한 점이 나아질 것으로 예상합니까?
> 당신의 삶이 5년 뒤 어떤 모습이 되길 바랍니까?
> 5년 전 당신과 지금의 당신은 어떠한 점이 다릅니까?
> 불안장애가 당신을 어떻게 변화시켰습니까?
> 지금의 상황이 지속된다면 당신에게 어떠한 어려움이 지속됩니까?

불안장애가 문제 되지 않게 된다면 어떠한 점이 좋을까요?

당신 삶의 목표를 이루는 데 현재의 모습이 어떤 도움이 됩니까?

불안장애 때문에 가장 마음이 불편한 점은 무엇입니까?

다음 사례는 동기면담을 활용하여 내담자와 변화에 초점을 맞추고 유발하는 과정을 보여 준다. 면담자는 열린질문하기 및 반영적 경청 기술 중 단순반영과 복합반영을 적용하면서 내담자의 불안 유발 요인과 증상 조절에 대한 경험을 탐색하고 있다. 면담자는 내담자가 초점을 맞춘 진정으로 원하는 것을 이루기 위하여 변화와 관련된 욕구, 능력, 이유 및 필요 등 예비적 변화대화를 이끌어 내고 있다. 내담자가 자신의 행동 변화를 위한 결단을 내리면 면담자는 내담자의 변화와 관련된 계획 수립을 돕고 문제해결을 위한 다양한 방법을 실천하도록 지속적으로 격려한다. 특히 단순반영은 내담자의 이야기를 잘 듣고 있음을 보여 주며, 복합반영은 내담자의 변화대화를 유발하고 그에 대해 반응함으로써 변화행동을 시작하고 지속적으로 실천하도록 유도한다.

예 변화에 초점을 맞추고 유발하기 사례

면담자: 불안 문제에 대해 이야기하기를 원한다고 하셨는데 저와 이야기 나누고 싶은 것은 무엇인가요? (**열린질문하기**)

내담자: 몇 년 동안 불안장애를 앓고 있어요. 증상을 관리하는 게 익숙하고 편안해졌어요. 때로 증상이 심해지기도 하지만 조절하려고 많이 노력하고 있어요.

면담자: 가끔 증상이 악화되어 편하지 않군요. (**복합반영**)

내담자: 맞아요. 먹어야 하는 약물도 잘 복용하고 있고 저의 불안을 줄여 주
는 복식호흡도 꾸준히 하고 있어요. 이렇게 하니까 불안을 조절할
수 있다는 생각도 이전에 비해 좋아지더라고요. 그런데 가끔 그때
교통사고에 관한 생각이 떠오르면 어찌할 바를 모르겠어요.

면담자: 외상 사건 경험을 다시 하게 되는 것을 완전히 피하기 어렵다고 생
각하는군요. **(복합반영)**

내담자: 글쎄요……. 갑자기 앰뷸런스 소리가 나면 좀 피하기 어렵긴 한 것
같아요.

면담자: 앰뷸런스 소리를 듣고도 잘 대처하고 싶은 마음이 크군요. **(복합반영)**

내담자: 네……. 정말 그렇게 하고 싶어요.

면담자: 0점에서 10점 중 당신이 앰뷸런스 소리가 나는 상황과 유사할 때도
잘 대처하고 싶은 마음은 몇 점 정도일까요? **(중요도 측정)**

내담자: 7점 정도입니다.

면담자: 5점이나 6점이 아닌 7점인 이유가 궁금합니다. **(열린질문하기)**

내담자: 불안 유발 상황에 항상 잘 대처하고 싶은 마음이 있지만 그건 매우
어려워요. 제게 아주 큰 고통을 주는 불안 상황이라고 느끼게 되면
변화하고 싶은 마음이 더 커질 것 같아요.

면담자: 당신은 불안을 유발하는 상황에 대처하는 것이 쉽지 않다고 하면서
도 불안을 유발하는 요인들을 잘 다루고 싶은 마음도 아주 크네요.
당신의 말처럼 변화는 어려운 것이 맞아요. 당신이 어떻게 할 때 변
화에 대한 마음이 8점이나 9점으로 커질 수 있을지 궁금하네요. **(반
영적 경청, 열린질문하기)**

내담자: 생각해 보니 아무래도 최근 경험했던 불안 증상으로 겪었던 일들을
자세히 기록하며 모니터링하는 게 필요할 것 같아요.

이 사례에서 면담자는 "앰뷸런스 소리를 듣고도 잘 대처하고 싶은 마음이 크군요."와 "외상 사건 경험을 다시 하는 것을 완전히 피하기 어렵다고 생각하는군요."의 단순반영과 "당신은 불안 유발 상황에 대처하는 것이 쉽지 않다고 하면서도 불안을 유발하는 요인들을 잘 다루고 싶은 마음도 아주 크네요."의 복합반영 등 반영적 경청하기를 활용해 이들이 변화와 관련된 생각을 구체적으로 표현하도록 유도하였다. 내담자의 변화하고자 하는 마음을 측정자로 점수화하였고, 궁극적으로 변화를 위해서는 불안 증상의 기록과 모니터링 계획에 대해 내담자 스스로 표현하도록 하였다.

3) 변화대화에 반응하기

내담자의 변화대화에 면담자는 OARS(열린질문하기-인정하기-반영적 경청하기-요약하기)로 반응하여 이들의 변화에 대한 결심이 행동화되도록 돕게 된다. 면담자는 실제 문제의 해결을 위한 내담자의 과거 성공 경험, 강점과 자원 등을 탐색하면서 변화에 대한 자신감과 희망을 갖도록 한다.

다음은 OARS 활용에 대한 예를 보여 준다.

예 OARS를 활용하여 변화대화에 반응하기 사례

면담자: 불안장애가 시작되기 전과 지금은 무엇이 다릅니까? 불안장애로 어떤 문제들이 발생했나요? **(열린질문하기)**

내담자: 음…… 제일 큰 문제는 집 밖으로 나가는 거죠.

면담자: 외출하는 것이 어렵군요. 구체적으로 어떠한 부분이 문제라고 생각

하나요? **(단순반영, 열린질문하기)**

내담자: 혹시나 제가 감염병에 걸린 걸 사람들이 얘기할까 봐 두려워요.

면담자: 나에 대해 얘기하는 것을 들어도 의연한 모습을 보이고 싶군요. 음 그러한 상황에서 당신이 무엇을 어떻게 할 수 있을까요? **(복합반영, 열린질문하기)**

내담자: 제가 할 수 있는 게 무엇이 있을지 잘 모르겠어요.

면담자: 확신할 수 있다면 무엇이든 해 보고 싶은 마음이군요. 두려움을 느끼지 않을 수 있다면 무엇이든 해 보고 싶군요. **(복합반영)**

내담자: 그렇긴 해요.

면담자: 지금껏 살아오면서 무언가를 이루어 냈던 경험이나 불가능할 거라고 생각했던 것을 이루어 냈던 경험에 대해 듣고 싶네요. **(열린질문하기)**

내담자: 글쎄요. 생각해 보니 대학 입시를 준비할 때 워낙 베이스가 없어 안 될 거라고 다들 얘기했었는데 포트폴리오 준비를 많이 했었어요. 결국 원하는 학과에 들어갔네요.

면담자: 쉽지 않은 일을 해냈고 그걸 해낸 자신에게도 만족했겠어요. **(복합반영)**

내담자: 그런 생각은 안 하고 지냈는데 무언가 다시 해 볼 수 있을 것 같아요.

면담자: 지금까지의 이야기를 제가 요약해 볼게요. 당신은 감염병에 걸린 사실을 다른 사람들이 얘기할까 봐 두려워 집 밖으로 나가는 것이 신경 쓰인다고 했어요. 그리고 자신에 대한 이야기를 들어도 잘 대처하고 싶고, 두려움을 느끼게 되지 않는 상황을 원한다고 했어요. 과거에 어려운 상황을 이겨 낸 경험이 있기 때문에 다시 해 봐야겠다고 생각하고 있어요. 제가 말한 것들에 대해 혹시 더 얘기하고 싶은

게 있을까요? **(요약하기, 열린질문하기)**

이 사례는 내담자의 변화대화 유발을 위하여 내담자의 과거 성공 경험을 찾아보는 변화대화 일구기를 시도하였다. 실제로 사람들은 어떠한 상황과 관련된 질문을 받게 되면 그러한 상황에서의 자신의 행동과 생각, 느낌 등을 구체적으로 생각해 본다. 특히 그러한 상황에 관한 면담자의 질문이 더욱 정교해질수록 상황과 관련된 생각과 느낌을 더욱 자세하게 이야기하면서 변화대화와 관련된 표현을 직접적으로 하게 된다. 특히 '쉽지 않은 일을 해냈고 그걸 해낸 자신에게도 만족했겠어요.'와 같은 인정하기 기술의 활용은 내담자의 이야기에 면담자가 긍정적으로 반영해 주기 때문에 내담자도 자신에 대한 긍정적 평가를 하게 될 뿐 아니라 자기효능감도 증진되는 효과가 있다.

4. 계획하기

1) 변화계획 수립하기

내담자의 자율성 지지를 위해 내담자 허락과 함께 치료계획을 수립하여야 하며, 내담자와 함께 치료계획을 수립할 필요가 있다. 다음은 불안 경험을 보이는 내담자에게 어떻게 변화계획을 세우는지 보여 주는 예이다. 특히 내담자와 면담을 통해 평가한 정보를 근거로 완성한 기능 평가 양식은 면담자가 내담자의 불안 경험을 매우 상세하게 이해할 수 있고 변화계획을 수립할 때도 유용하다.

"당신이 극심한 불안감을 겪는 것이 어떠한 것인지 알면 더욱 효과적인 변화계획을 세울 수 있습니다. 무엇보다도 당신이 회피하는 상황과 극심한 불안감으로 공황발작이 일어나는 순간에 경험하는 신체감각에 대해 알아보고자 합니다. 먼저 공황발작이 일어날까 봐 회피하게 되는 상황에 대해 이야기 나누어 볼까요? 이러한 상황에서 어떻게 하면 안전하다고 생각하게 될까요?

2) 변화계획 구체화하기

내담자 스스로 자신의 변화에 대한 계획을 수립하도록 변화를 위한 불안 증상이나 표적 행동을 정하고 변화계획을 구체적으로 수립하도록 한다. "당신은 어떠한 증상을 변화시킬 필요가 있다고 생각합니까?" "변화와 관련해 그 문제의 중요도는 어떻게 되나요? 점수화한다면 몇 점일까요?"와 같이 면담자는 내담자의 변화계획을 열린질문하기를 통해 구체화한다.

내담자가 변화하고자 하는 불안 증상이나 표적 행동을 작성한 후 변화에 대한 목표와 변화 중요도에 관한 점수를 매겨 보면서 어떠한 문제를 변화하고자 하는지 탐색하도록 한다. 그런 다음에 자신이 이루고 싶은 변화 우선순위를 설정하고 그러한 변화가 자신에게 중요한 이유도 작성하도록 한다. 특히 목표 달성을 위해 고려할 계획은 아주 구체적으로 작성하도록 한다. 그리고 목표 달성을 방해하는 장애물과 대처 방안도 생각하도록 해 내담자의 변화에

대한 책임감을 강조하고 변화행동을 실천하도록 유도한다. 다음에
서는 변화계획을 구체화할 때 사용할 수 있는 서식을 보여 준다.

불안 증상이나 표적 행동	변화목표	중요도 점수

내가 이루고 싶은 첫 번째 변화(우선순위에 의거한)

나에게 이 변화가 중요한 이유

목표를 달성하기 위해 고려할 계획(무엇을 언제 어떻게 할지 구체적으로 작성)

목표 달성을 방해하는 장애물과 대처 방안

　다음은 불안장애가 있는 내담자를 도울 때 유용한 기능 평가 양
식의 예이다. 동기면담을 통해 확인된 사항을 기록하고 변화계획
을 수립하고 구체화할 때 활용한다.

1. 불안과 두려움에 대한 공포 단서
   - 외부 촉발요인(외부적 상황과 자극)
   - 내부 촉발요인(신체 감각)
   - 침습사고, 기억, 관념 등

2. 공포단서에 노출되었을 때 나타나는 두려운 단서

3. 안전행동
   - 회피
   - 확인과 안심 추구
   - 강박의식
   - 안전신호

참고문헌

Arkowitz, H., Miller, W. R., & Rollnick, S. (Eds.). (2015). *Motivational interviewing in the treatment of psychological problems* (2nd ed.). New York: The Guilford Press.

Miller, W. R., & Rollnick, S. (2013). *Motivational interviewing: Helping people change.* New York: The Guilford Press.

Miller, W. R., & Rollnick, S. P. (2002). *Motivational interviewing: Preparing people for change.* New York: The Guilford Press.

제10장
우울과 동기면담

  우울장애에 걸리는 이유를 살펴보면 대부분 현실적인 삶의 문제 때문에 발생한다. 이러한 우울장애는 성별과도 관련이 없고 다양한 연령층에서 발생한다고 알려져 있다. 우울장애에 대한 개인의 취약성은 부정적인 지각 및 높은 스트레스, 부적응적인 대인관계와도 관련이 깊으며, 치료 참여에 대한 여러 제약으로 개인의 현실적인 문제를 더욱 악화시킨다. 특히 심각한 수준의 우울 증상을 보일수록 자신의 사고와 감정을 잘 다루지 못하게 되어 대인관계 갈등과 대인관계 문제 등에서 더욱 고통스러워하는 경향을 보인다. 사람마다 다양한 반응을 보이는 우울 증상을 사정하고 부정적인 감정이나 대인관계 갈등과 같은 문제 상황에서 보다 효과적으로 대처하도록 내담자가 우울을 경험하는 원인과 부정적인 사고와 정서를 감소시키고 행동을 향상시킬 수 있는 적극적 개입이 필요하다.

  우울장애의 치료적 개입은 인지행동 프로그램이 효과적이라고 보고되며, 동기면담은 주로 인지행동 프로그램을 진행하기 전 내담자의 프로그램 참여 동기와 작업 동맹을 높여 치료적 개입의 긍정적인 결과를 얻기 위한 사전 개입으로 활용된다(Naar & Safren, 2017). 일상적 활동에서 즐거움과 흥미를 상실한 내담자는 낮은 변화동기 수준을 보이기 때문에 우울 증상의 호전을 위해서는 이들의 변화동기 수준을 증진하려는 노력이 요구된다. 면담자는 우울 증상과 관련된 내담자의 문제를 정확히 파악한 후 변화동기 증진을 위한 개입에 활용한다.

1. 관계형성하기

1) 관계형성하기

우울장애가 있는 내담자의 낮은 동기 수준은 행동 변화를 위한 평가 과정에서도 어려움이 발생하기에 개입 전 관계형성하기에 집중하여야 한다. 관계형성하기란 치료적인 관점에서 상호 존중하고 신뢰하는 동맹관계를 수립하는 것이다. 치료적 동맹은 면담자가 내담자를 이해하려는 노력을 보여 줌으로써 보다 잘 형성되고 향후 개입과정에서의 목표 설정 등에도 긍정적이다. 내담자와의 첫 만남에서는 관계형성하기와 치료적 동맹을 발전하는 데 집중할 필요가 있다. 면담자는 내담자를 정확하게 이해하고 있음을 보여 주어야 하고 상호 협력하여 내담자의 바람직한 행동에 대하여 탐색하고 앞으로 개입할 것임을 설명한다. 내담자와의 관계형성에 영향을 주는 요인은 내담자가 프로그램이나 상담에 대한 기대나 목표가 무엇인지, 바라는 변화의 중요도나 희망에 관해 생각해 보도록 함으로써 촉진된다. 다음은 내담자와 관계를 형성할 때 면담자가 고려해야 하는 요인에 대한 열린질문하기 적용의 예를 보여 준다.

저는 당신이 겪고 있는 일을 이해하고 진심으로 도와주고 싶습니다.

당신이 이러한 과정을 통해 기대하는 것은 무엇입니까?

당신이 목표하는 것은 무엇입니까?

당신이 기대하는 것의 중요도는 어떻게 되나요?

그것은 당신에게 어느 정도로 중요합니까?

당신에게 무엇이 일어날 것이라고 생각합니까?

당신의 기대에 어떻게 프로그램이 도움을 줄 거라고 생각합니까?

　내담자의 우울장애를 단지 설문 평가 도구의 몇 문항만으로 판단해서는 안 되며, 내담자가 우울장애에 대한 치료 필요성을 인지하지 못함으로써 치료적 개입을 받지 않으려는 상황에 대해서도 충분히 이해할 필요가 있다. 취약한 내담자일수록 평가가 이루어지는 과정 동안 자신이 심문받는다고 느낄 수 있으며, 다음 질문으로의 진행이 어려울 수도 있다. 따라서 내담자가 말하는 내용을 공감적으로 경청할수록 내담자의 경험과 인식을 탐색하는 깊이가 달라져 내담자가 불편해 하는 내용까지도 자연스럽게 이야기할 수 있게 된다.

　다음은 우울 문제가 있는 내담자와 초기에 대화할 때 적용하는 동기면담 적용의 예이다.

예 **우울 증상을 보이는 내담자의 관계형성하기 사례**

면담자: 최근 당신이 겪는 어려움에 대해 이야기하고자 합니다. 어떠한 어려움이 있는지 듣고 싶습니다. **(열린질문하기)**

내담자: 잔 것 같지도 않고 기운이 하나도 없어요. 직장에서나 집에서나 아무것도 할 수가 없어요. 할 수 있는 게 하나도 없어요.

면담자: 생각처럼 몸이 따라주지 않아서 어려움이 많군요. **(단순반영)**

내담자: 처음부터 그런 건 아니었어요. 노력해도 뭐든 안 되고 나아지지 않더라고요.

면담자: 정말 힘든 상황처럼 들리네요. 계속된 좌절감을 느꼈겠군요. **(반영적 경청)**

내담자: 맞아요. 자꾸 저를 비난하게 되더라고요.

2) 주호소 파악

면담 초기에 면담자는 내담자의 우울 증상으로 인한 주호소와 경험한 문제의 발현 시점 등 핵심적인 정보를 탐색한다. "당신이 상담을 받으러 온 이유는 무엇인가요?" "당신의 주요 문제는 무엇인가요?" "당신에게 증상이 처음 나타난 시점은 언제인가요?"와 같은 질문을 통해 주호소를 파악한다. 우울 증상을 보이는 내담자는 상담자의 질문에 자신의 생각을 잘 표현하기 어려워할 수도 있기에 초점맞추기 과정으로 진행하기 어려울 수 있다. 면담자는 관계형성하기를 통하여 내담자가 염려하는 문제를 하나씩 이야기하도록 해 내담자가 가장 힘들어하는 문제나 내담자의 핵심 욕구 중 우선되는 문제를 파악함으로써 초점맞추기 과정에서 내담자 주호소를 주요 안건으로 활용한다.

> 당신이 상담을 받으러 온 이유는 무엇인가요?
>
> 당신의 주요 문제는 무엇인가요?
>
> 좀 더 구체적으로 듣고 싶네요.
>
> 당신이 가장 힘들다고 생각한 점은 무엇인가요?

2. 초점맞추기

1) 안건 정하기

초점맞추기는 의도적인 대화 과정을 통해 변화의 방향을 잡아가는 과정이다. 이는 현재 상황과 내담자의 문제행동을 탐색한 후 내담자와 면담자는 나아갈 방향을 명확하게 하는 안건을 설정하여 문제의 초점이나 방향을 결정한다. 안건은 매우 다양하게 드러나는데 걱정, 분노, 두려움과 같은 정서적 측면이나 삶의 우선순위에 입각한 가치나 욕구, 현실적인 문제 등이 포함된다. 다양한 안건에서 초점을 맞출 때 고려되어야 할 측면은 내담자, 제공기관, 면담자의 전문성이다. 첫째, 변화의 방향을 초점화할 때 가장 많이 고려되는 내담자 측면으로 이들의 주호소나 걱정거리를 안건으로 고려한다. 둘째, 특정 문제를 다루기 위하여 배정 예산을 따르는 제공기관은 예산의 주체에 따른 서비스 내용으로 안건을 고려하여야 한다. 셋째, 서비스를 위해 오는 내담자는 안건으로 다루고 싶은 분명한 목표가 있지만 면담자는 자신의 전문성에 따라 안건을 제시하고 내담자가 이를 기꺼이 수용하도록 유도한다. 우울 증상이 있는 내담자의 경우 언어적인 표현을 어려워할 수도 있기 때문에 활동지 작성을 통해 안건을 찾고 주제를 선택한 후 변화행동에 대한 초점을 맞출 수도 있다. 활동지 작성은 조현병의 초점맞추기를 참고하기 바란다.

다음은 초점맞추기 과정에서 안건 정하기 전략을 적용하는 예이다.

> "우리가 초점을 맞추어야 할 것을 생각해 보는 시간을 잠깐 가져 볼까 합니다. 당신의 주호소 문제와 관련해 우리가 점검할 필요가 있는 주제가 있습니다. 당신이 괜찮다는 것과 제가 괜찮은 것에 대한 주제로 이야기를 나누고 싶습니다. 어떠실까요?"

2) 분명한 안건에 대한 초점맞추기

다음은 내담자가 자신의 어려움을 정확히 설명하고 하나의 안건으로 선택한 후 면담자와 나누어야 하는 대화의 방향을 분명히 하는 사례를 보여 준다. 내담자는 자신의 목표와 걱정거리를 분명하게 호소하였기 때문에 초점을 맞추고자 불필요한 시간을 낭비할 필요가 없었다. 관계형성하기가 잘된 내담자는 자신의 욕구를 반영한 주제를 좀 더 잘 드러내며 변화를 향해 나아가고자 하는 동기와 방향도 명확히 표현할 수 있다.

예 **분명한 안건의 초점맞추기 사례**

면담자: 우울에 대한 고민이 있다고 들었는데 구체적으로 듣고 싶습니다.

　　　　(열린질문하기)

내담자: 최근 일을 하는 것도 어렵고 되는 일이 없네요.

면담자: 뜻한 대로 되지 않아 마음이 편하지 않군요. 최근 당신에게 어떠한
　　　　일이 있었는지 이야기해 주세요. **(복합반영, 열린질문하기)**

내담자: 직장에서 동료와 의견 충돌이 있었는데 그 이후로 일하기도 싫고 입
　　　　맛도 없고 잠자기도 어렵네요.

면담자: 그러한 문제가 당신에게 영향을 주고 있네요. 직장 동료와의 의견 충
　　　　돌과 일하기 싫은 것, 입맛이 없는 것, 잠자기 어려운 것 중 어떠한
　　　　문제가 당신을 가장 우울하게 하나요? **(반영적 경청, 열린질문하기)**

내담자: 직장 동료들과 다투면 자꾸 제가 모자라다는 생각을 하게 되네요.
　　　　자꾸 그런 생각이 드니까 저한테 화가 나고 제가 한심하다는 생각
　　　　이 들어서 견디기가 어려워요.

면담자: 자신에 대한 부정적 생각으로 불편한 마음이군요. 그중 가장 우선되
　　　　는 한 가지 문제를 중심으로 얘기하는 게 좋을 것 같은데, 어떤 문제
　　　　를 먼저 얘기하기를 원하나요? **(반영적 경청, 열린질문하기)**

내담자: 직장 동료와 문제되는 상황이 제 문제의 시작이니까 거기서부터 얘
　　　　기하고 싶어요.

면담자: 당신이 얘기한 그 문제가 가장 중요한 거네요. **(반영적 경청)**

3) 불분명한 안건에 대한 초점맞추기

우울장애가 있는 내담자는 말의 앞뒤가 맞지 않고 변화를 위한

분명한 초점이 없는 경우가 많다. 이러한 상황에서 면담자는 내담자의 여러 문제를 경청하면서 우선순위를 정하는 노력이 필요하다. "지금 얘기했던 것들 중 제일 원하는 것은 무엇일까요?"와 같은 열린질문을 통하여 내담자가 가장 원하는 문제에 초점을 맞춘다. 안건이 불분명하면 일반적인 것부터 구체적인 것으로 이야기를 나누면서 내담자와 면담자가 상호 동의하는 변화목표가 정해질 때 다음 단계인 유발하기 과정으로 진행한다. 다음은 불분명한 안건에 대한 초점맞추기의 예이다.

예 불분명한 안건의 초점맞추기 사례

면담자: 우리가 논의할 것에 대해 질문해도 될까요? 이야기를 들어 보니 상당히 많은 생각을 하고 있군요. 수면의 어려움도 있고 의욕도 없고 자신을 자꾸 비난하게 된다고 했어요. 어디서부터 어떻게 해야 원래대로 지낼 수 있는지 알고 싶어서 상담을 받으러 온 거군요. (관계형성하기)

내담자: 이러다간 무슨 일이 일어날 것만 같아요.

면담자: 큰일이 생기기 전 무언가 해야겠다고 생각했군요. 비슷한 경험을 한 분들을 도와준 적 있어서 가능할 것 같은데 그전에 우리가 어떤 이야기를 나누어야 할지를 분명히 해야 할 것 같군요. 당신에게 어떤 변화를 보이면 상황이 나아졌다고 말할 수 있을까요? (단순반영, 열린질문하기)

내담자: 더 이상 저에 대한 비난을 하지 않게 될 것 같아요. 얼마나 상담을 받아야 좋아질까요?

면담자: 그러니까 당신에 대한 비난을 스스로가 그만두는 거네요. 좀 더 자

세히 이야기해 줄 수 있을까요? **(단순반영, 열린질문하기)**

내담자: 자꾸 잠을 못 자니까 지치고 피곤하고…… 마음이 불편해지면 저한 테 자꾸 화도 나요.

면담자: 편안한 마음과 일상을 유지하고 싶은 마음이군요. 또 원하는 것이 있나요? **(복합반영, 열린질문하기)**

내담자: 직장에서도 사람들과 좋은 관계를 갖고 싶어요.

면담자: 좋은 관계라…… 그것에 대해 좀 더 자세히 말씀해 주세요. **(열린질 문하기)**

내담자: 직장을 옮긴 지 얼마 되지 않았어요. 전에 일하던 곳과 다른데 아무 도 얘기를 해 주지 않아서 제대로 하는 게 어떤 건지 모르겠어요. 제 가 무엇을 잘못하고 있는 건지 진짜 모르겠어요.

면담자: 당신이 직장에서 무엇을 어떻게 하는지 알지 못하는 게 더욱 힘들군 요. 진심으로 남들에게 자신을 이해받고 싶다는 생각이 크군요. **(복 합반영)**

내담자: 사람들과 함께 일을 하면 좋을 텐데 그러지 못하는 이유가 궁금해 요. 제가 직장에서 사람들에게 뭔가를 잘못하고 있는 거죠?

면담자: 당신은 직장 동료들과 친밀한 관계를 유지하기 바라고 편안한 일상 도 원해요. 자신에게 더 이상의 비난이나 화가 나지 않게 되는 것도 진심으로 바라죠. 당신이 지금까지 얘기했던 것들 중 제일 우선적으 로 원하는 것은 무엇일까요? 그것부터 이야기를 나누면 좋을 것 같 아요. **(요약하기, 열린질문하기)**

내담자: 화가 나도 저를 통제할 수 있었으면 좋겠어요.

4) 허락을 구한 후 정보제공하기

초점을 정하지 못하는 내담자와 면담할 때는 **정보제공하기**를 통해 변화에 대한 초점을 명확하게 한 후 변화 결정을 유도할 수 있다. 면담자는 내담자에게 정보를 제공하거나 필요한 조언을 제공하기 전에 먼저 허락을 구하는 과정부터 시작한다. 그러나 내담자가 정보를 먼저 요청하는 경우 허락구하기 과정은 생략한다. 내담자의 정보 요청이나 조언 제공에 대한 허락구하기는 다음의 세 가지 질문으로 표현된다. "제가 어떻게 해야 할까요?" "이러한 상황에서 사람들은 어떻게 하나요?" "제가 어떤 도움을 받을 수 있을까요?"와 같은 질문을 듣는 경우 면담자는 내담자가 정보를 제공해도 된다는 의미가 내포되어 있으므로 주의 깊게 경청한다. 다음은 내담자에게 허락을 구할 때 적용하는 열린질문하기의 예이다.

> 다른 사람들이 수면의 어려움을 해결하는 데 도움이 되었다고 한 방법 중 몇 가지를 얘기해 드리고 싶은데 괜찮을까요?
>
> 우울증에 대해 제가 알고 있는 것을 이야기해도 될까요?
>
> 우울 증상을 감소하는 방법에 관해 알고 싶으신가요?
>
> 우울증 치료에서 가장 도움이 된다고 하는 방법은 어떤 것인가요?
>
> 우울 증상 관리로 제가 이야기해 주었으면 하고 궁금해 하는 것은 무엇인가요?

동기면담을 활용한 정보제공 과정은 이끌어내기-제공하기-이끌어내기(E-P-E) 전략이 활용된다. 처음 이끌어내기에서 면담자는 내담자에게 정보를 제공하기 전에 어떠한 점을 알고 있는지, 무엇을 알고 싶은지에 대해 질문하는 과정부터 시작한다. 면담자는 내담자가 이야기하는 내용을 듣고 특정 지식에 대해 알고 있지 않거나 정확하게 말하지 않은 부분에 관한 정보를 알려 준다. 또한 내담자가 먼저 필요한 정보를 요청하는 경우도 있다. 이는 불필요하게 활용될 수 있는 시간을 절약하고 내담자가 모르는 지식을 정확하게 알게 해 준다. 제공하기의 두 번째 과정은 내담자가 가장 알고 싶어 하고 알아 두어야 할 정보를 우선순위로 정해 면담자가 제공하는 것이다. 내담자가 이해할 수 있는 용어를 사용해 설명한 후 "그 외에 또 무엇이 알고 싶으신가요?" "이것에 대해 어떻게 생각하나요?"와 같은 질문을 통해 지식, 생각이나 느낌 등을 이끌어 내는 과정으로 진행한다. 세 번째 이끌어내기 과정은 면담자가 제공한 정보나 조언에 대한 내담자의 이해와 반응을 탐색하고 점검하는 과정으로 반영적 경청을 활용하여 반응한다.

  다음의 정보제공하기 사례는 내담자가 우울증에 대하여 알고 있는 것을 먼저 질문한 후 "괜찮다면 우울증에 대해 제가 알고 있는 것을 알려 드릴게요."라고 허락도 구하였다. 그 후 내담자에게 우울증에 대하여 제공하는 정보를 들으면서 어떠한 생각과 느낌을 갖게 되는지 "이런 이야기를 들으니 어떤가요?"나 "혹시 제 이야기를 듣고 말하고 싶은 것은 무엇입니까?"와 같은 이끌어내기 전략을 활용하였다.

예 **우울증에 대한 정보제공하기 사례**

면담자: 어떠한 이유에서 당신이 우울증이라고 생각하는지 궁금하네요. 혹시 우울증에 대해 알고 있는 것을 질문해도 될까요? **(이끌어내기)**

내담자: 음…… 우울증은 아무것도 하고 싶지 않고 잠을 푹 잔 느낌이 없고 입맛도 없어요. 뭘 해도 즐겁지가 않네요.

면담자: 괜찮다면 우울증에 대해 제가 알고 있는 것을 알려 드릴게요. 어떤 부분이 당신의 경험과 비슷한지 말해 주세요. **(허락구하기)**

내담자: 알겠습니다.

면담자: 우울증은 복합적인 증상들로 설명됩니다. 예방접종을 한 후 어떤 사람은 열만 나고 어떤 사람은 머리가 아프고 사람들에 따라 다르게 나타나는 것처럼 우울증도 증상이 있을 수도 있고 없을 수도 있어요. 반드시 모든 증상을 경험하는 것도 아니고 아주 슬픈 감정을 느끼지 않기도 하죠. 경우에 따라 평소 활동에 흥미를 느끼지 못하는 것, 식욕의 변화나 수면의 어려움을 경험합니다. 이런 이야기를 들으니 어떤가요? **(정보제공하기, 이끌어내기)**

내담자: 요즘 흥미를 느끼는 활동이 없긴 해요.

면담자: 그렇군요. 어떤 사람은 너무 많이 잠을 잔다거나 거의 못 잔다거나와 같이 증상을 얘기하고, 어떤 사람은 체중이 급격히 증가하고 어떤 사람은 식욕 저하로 체중이 빠지기도 한답니다. 당신은 어떤 상황을 경험했나요? **(정보제공하기, 이끌어내기)**

내담자: 전에 비해 잠을 잘 못 자고 있어요. 체중의 변화는 잘 모르겠어요.

면담자: 대부분의 사람들은 피로감에 대한 호소를 많이 합니다. 또 자신에 대한 부정적인 생각으로 무가치감을 느끼기도 해요. **(정보제공하기)**

내담자: 저도 약간 그런 게 있어요.

면담자: 우울증으로 가끔 죽음에 대한 생각을 많이 하게 된다고 하던데 당신은 어떤가요? **(정보제공하기, 이끌어내기)**

내담자: 아직 그런 생각은 해 본 적 없어요. 제게 부정적인 생각이 들면 화를

견디기 어렵기는 해요.

면담자: 우울증에서 흔히 나타나는 증상에 대해 설명해 드렸는데 당신도 증
상을 경험하고 있네요. 혹시 제 이야기를 듣고 말하고 싶은 것은 무
엇입니까? **(이끌어내기)**

내담자: 대부분의 사람들은 우울 증상을 비슷하게 경험한다고 생각했어요.

3. 유발하기

1) 변화대화를 유발하는 질문

　유발하기는 동기면담의 핵심 과정으로, 내담자의 변화동기와 변
화해야 하는 중요한 이유를 면담자가 끄집어내어 행동 변화의 방
향으로 가도록 유도한다. 변화에 긍정적인 방향으로 향해 갈수록
내담자가 갈등하던 양가감정이 해결되기 때문에 행동 변화로 얻게
되는 이득에 대한 생각이 더욱 구체화될 수 있다. 면담자는 내담자
의 양가감정뿐 아니라 변화에 대한 생각이라면 무엇이든지 언어적
으로 표현하도록 도와야 한다. 실제로 내담자의 변화에 대한 언급
이 나타날수록 자신의 변화에 대한 동기가 강화되어 변화의 방향
으로 이동하게 된다. 변화대화를 유발하는 질문을 사용하여 내담
자가 변화에 대한 생각을 구체화할 필요가 있으나 변화 실천에 대
한 질문은 동기면담의 마지막 과정인 계획하기에서 다루도록 한
다. 변화대화를 유발할 때 변화에 대한 욕구, 능력, 이유 및 필요에
관하여 다음의 예와 같이 질문한다. 또한 중요성 척도 사용하기, 극

단적 질문하기, 과거 회상하기, 미래 예상해 보기, 목표와 가치관 탐색하기 등을 활용하는데, 이에 대한 내용은 중독 문제에 적용하는 동기면담에서의 변화대화 유발하기와 같이 적용하면 되므로 제8장을 참고하기 바란다.

욕구

당신의 우울 증상이 어떻게 변화되기를 원하시나요?

프로그램에서 기대하는 것은 무엇인가요?

우리가 함께 노력하여 달성하기를 원하는 것은 무엇인가요?

3년 후 삶이 어떻게 달라지기를 바라시나요?

능력

변화할 수 있는 것 중 어떠한 것을 할 수 있을까요?

우울 증상을 감소시키고자 할 때 어떻게 우울 증상을 줄일 수 있을까요?

결심한다면 해낼 수 있는 자신감은 어떻게 되나요?

이유

지금 상황에서 좋지 않은 점은 무엇인가요?

우울장애 치료를 받으면 무엇이 좋아질까요?

당신이 변화하고 싶어 하는 이유는 무엇인가요?

필요

우울 증상을 개선하기 위해 무엇이 필요한가요?

이 변화는 당신에게 얼마나 중요한가요?

당신의 우울 증상 변화를 위해 무엇을 해야 하나요?

변화장애물 탐색

자신이 원하는 것을 할 때 방해물로 예상되는 것은 무엇인가요?

2) 변화대화에 반응하기

내담자가 변화대화를 표현하면 면담자는 변화대화를 유발하는 방향으로 언어적인 반응을 보여야 한다. 변화대화에 관심을 보이는 면담자의 반응은 내담자의 행동 변화와 계획하기 단계로의 진행을 촉진한다. 변화대화를 강화하는 방법으로는 단순반영과 복합반영의 반영적 경청하기가 있으며, 내담자가 표현할 가능성이 높은 변화대화에 반응한다. 다음은 변화대화 중 욕구와 능력에 대한 변화대화 반응하기의 예로 면담자 반응의 ①과 ②는 단순반영으로 반응함으로써 내담자의 이야기를 따라가는 스타일의 의사소통 방식이다. 그러나 반응 ③은 내담자에게 좀 더 다른 관점을 생각하도록 유도하는 복합반영으로 반응하는 안내하기 스타일의 의사소통 방식이다.

욕구

내담자: 더 이상 우울하지 않았으면 좋겠어요.

면담자: ① 우울하지 않기를 바라는군요.

② 이전과는 조금 다른 경험을 하기를 바라는군요.

③ 당신의 우울로 어려움이 많았군요. 앞으로는 다른 삶을 살았으면 하네요.

능력

내담자: 우울 증상을 감소하기 위해 다시 운동을 할 거예요.

면담자: ① 운동을 하겠다는 결심을 했군요.

② 기분이 나아지기 위해 운동할 생각이군요.

③ 운동 실천이 당신의 우울 증상 감소에 도움이 된다고 생각했군요. 어떻게 해야 할지 생각을 해 보셨군요.

　　다음의 변화대화에 반응하기 사례는 내담자가 우울증에 대한 상담 경험이 있는지를 먼저 열린질문하기와 상세하기 말하기를 통해 확인하면서 내담자의 말문을 열고 있다. 그 후 반영적 경청하기 기술을 적용해 내담자의 변화 욕구와 관련된 진술, 즉 변화대화 진술을 유발하였다. 그 후 면담자는 "그렇게 말하는 것을 들으니 책임감이 높은 분이군요. 돌보아야 할 아이들을 잘 보살피고 싶은 마음이 크군요."와 같은 인정하기와 복합반영을 활용해 다른 관점으로 내담자가 말한 상황을 생각해 보도록 유도하였다. 또한 "거의 혼자 해결하려는 마음을 많이 가졌는데 그럼 안 될 것 같아요."라는 내담자의 말에 "마음이 힘들 때 나를 이해해 주는 친구와 대화도 나누고 오늘처럼 상담도 받으면서 도움을 받는 게 낫겠다 싶군요."와 같은 복합반영으로 변화대화에 반응하면서 변화동기를 강화한 후 실천 행동도 유도하고 있다.

예 **변화대화에 반응하기 사례**

면담자: 이전에도 당신의 우울 증상 경험이 문제라고 생각해 본 적이 있나요? 이렇게 상담을 받는 것이 처음인지 궁금하네요. **(열린질문하기)**

내담자: 상담은 처음이에요. 얼마 전 어머니가 돌아가셔서 혼자 있다 보면 자꾸 눈물이 나오고 그래요.

면담자: 얼마 전이라면 언제쯤 그런 일이 있었는지 듣고 싶습니다. **(상세하게 말하기)**

내담자: 3개월 전에 폐렴으로 중환자실에 계시다가 돌아가셨어요. 갑작스럽게 돌아가신 거라 마음의 준비를 할 시간이 없었어요.

면담자: 예상하지 못했던 이별이었지만 이제는 슬픈 마음을 추스르고 싶다

는 생각을 했고 그래서 이곳에 왔네요. **(복합반영)**

내담자: 네……. 맞아요. 이젠 일상으로 돌아가야 할 것 같아요. 아이들에게 미안해요.

면담자: 그렇게 말하는 것을 들으니 책임감이 높은 분이군요. 돌보아야 할 아이들을 잘 보살피고 싶은 마음이 크군요. 평소 어려운 일을 겪으면 어떻게 하는 편인가요? 누군가에게 마음을 열고 이야기해본 적이 있는지요? **(인정하기, 복합반영, 열린질문하기)**

내담자: 어머니 외에는 친한 친구인 경희에게 이야기를 하면 좀 기분이 나아졌던 것 같아요. 거의 혼자 해결하려는 마음을 많이 가졌는데 그럼 안 될 것 같아요.

면담자: 마음이 힘들 때 나를 이해해 주는 친구와 대화도 나누고 오늘처럼 상담도 받으면서 도움을 받는 게 낫겠다 싶군요. **(복합반영)**

내담자: 앞으로는 그렇게 해야 할 것 같아요.

면담자: 당신의 우울을 나아지게 하려면 도움이 되는 행동을 실천해야겠다고 생각하네요. **(복합반영)**

4. 계획하기

변화에 대한 계획 수립은 매우 다양한 현장에서 잘 활용되고 있다. 면담자는 내담자 주도적으로 변화계획에 대해 생각하고 결심하도록 템포를 잘 맞추는 노력이 필요하다. 아직 내담자가 변화할 계획에 대한 준비가 덜 되었다면 면담자는 변화의 결정과 실천이 내담자 주체적 활동이라는 생각과 함께 파트너십과 수용의 동기면담

의 정신으로 기다리면서 내담자가 계획하기 과정으로 올 수 있도록
도와야 한다. 특히 변화계획을 구체화하고 실천하는 데 중요한 과
거에 성공했던 경험의 탐색이나 행동 조절을 위한 계획 수립과 작
은 변화를 위한 노력이라도 인정하는 기술을 활용해 자기효능감을
강화하려는 시도도 필요하다. 다음은 성공 경험 탐색, 행동 조절 계
획 수립, 계획 실천 점검에 대한 동기면담 기술 적용의 예이다.

● **성공 경험 탐색** ●

지금껏 살아오면서 무언가를 이루어 냈던 때가 언제였나요? 과거에 무언가 불
가능할 것이라고 생각한 것을 이루어 냈거나 규칙적인 운동 등 일상생활에서
습관을 바꾼 경험이라든지, 인생의 중요한 목표를 정하고 그것을 이루기 위해
노력했던 경험에 대하여 듣고 싶네요. 이러한 경험을 얘기하다 보면 우울 증상
감소를 위한 당신의 계획을 수립하는 데 도움이 될 것으로 생각됩니다.

● **행동 조절 계획 수립** ●

이제 우울 증상을 개선하기 위한 여러 방법들을 생각해 볼까 하는데요. 어떠신
가요? 이러한 결정은 오직 나행복 님만이 할 수 있어요. 전 나행복 님이 하겠다
고 하면 언제든지 도움을 드릴 것입니다.

어떤 방법이 변화를 이루는 데 도움이 될까요? 또 무엇이 있을까요? 그렇게 했을
때 문제되는 건 무엇일까요? 어떻게 하면 될까요? 어떠한 부분을 걱정해야 할까
요? [이끌어내기-제공하기-이끌어내기(E-P-E)를 통해 생각을 발전시키도록 질
문하고 알고 있는 정보를 제공하고 다시 반응을 살피는 과정을 반복한다]

● **계획 실천 점검** ●

당신이 여러 어려움 속에서도 무언가를 해내고 있다는 생각이 드네요. (인정하기)
실천하면서 당신은 어떤 어려움을 알게 되었나요? 어떻게 하면 상담 때 계획한
대로 할 수 있을까요?

✎ 참고문헌

Miller, W. R., & Rollnick, S. (2013). *Motivational interviewing: Helping people change*. New York: The Guilford Press.

Miller, W. R., & Rollnick, S. P. (2002). *Motivational interviewing: Preparing people for change*. New York: The Guilford Press.

Naar, S., & Safren, S. A. (2017). *Motivational interviewing and CBT: Combining strategies for maximum effectiveness*. New York: Guilford Press.

부록[1]

MITI 코딩 가이드라인:
동기면담 치료효과 보존 검증 코딩 매뉴얼 4.2.1

A. MITI 소개

MITI의 목적

MITI는 임상가가 동기면담을 얼마나 잘 활용하는지 또는 얼마나 잘못 활용하는지에 대한 답을 제공하는 행동 코딩 시스템(behavioral coding system)이다. 또한 MITI는 동기면담을 실천하는 임상가의 상담 기술을 증진시키기 위한 피드백을 제공하는 데 사용되기도 한다. MITI가 의도하는 바는 다음과 같다.

① 동기면담 임상연구에서 치료효과 보존(treatment integrity)[2]을 측정

---

[1] 부록은 독자의 이해를 돕기 위한 것으로, 다음 문헌을 번역하여 제시하였다.
Moyers, T.B., Manuel, J.K., & Ernst, D. (2014). Motivational Interviewing Treatment Integrity Coding Manual 4.2.1. Unpublished manual.

[2] 역자 주: 치료가 의도된 대로 시행된 정도를 말하며, 개입의 효과 검증의 필수적이다. 한국어로 '치료충실도', '중재충실도'라고 번역이 되기도 하나 본 매뉴얼에서는 '치료효과 보존'이라는 용어를 사용하였다.

② 실무 현장에서 동기면담 실천(practice)의 질을 향상시키기 위
해 구조화되고 공식적인 피드백을 제공하는 수단
③ 훈련과 전문가 채용에 선택 기준의 구성요소(이에 대한 더 많
은 정보는 부록 B 참조)

MITI는 동기면담에서 관계형성하기, 초점맞추기, 유발하기, 계
획하기 등의 네 가지 과정을 평가한다. 비록 일부 MITI의 구성요소
가 관계형성하기 기술에 대한 평가와 피드백을 제공하는 데 유용할
수 있지만 구체적인 변화목표가 없이 진행된 면담회기를 MITI로 평
가하는 것은 적절하지 않을 수 있다('C. 변화목표 계획하기' 참조).

B. MITI 구성요소

MITI는 두 가지 구성요소가 있다. 총점(global scores)과 행동점수
(behavior counts)다.

총점은 코더(coder)가 임상가와 내담자의 전반적인 상호작용 특
징을 5점 척도 중 하나의 숫자로 표시한다. 이러한 점수는 코더
가 받은 전반적인 인상이나 '게슈탈트'라고 불리는 전반적인 차원
에 대한 평가여야 한다. 여기에서는 변화대화 일구기(cultivating
change talk), 유지대화 완화하기(Softening Sustain Talk: SST), 파트너
십(partnership), 공감(empathy)과 같은 네 가지 전반적인 차원을 평
가한다. 이것은 각각의 MITI 검토 시 네 가지 총점을 포함하게 될
것을 의미한다.

행동점수는 코더가 임상가의 특정 행동의 수를 세는 것을 필요로 하며, 면담 시작부터 끝까지 이어진다. 코더는 총점처럼 면담의 전반적인 질적 수준을 평가하는 것이 아니라 단순히 각 행동의 수를 세는 것이다.

일반적으로 총점과 행동점수는 녹음기록을 한 번 들으면서 평가하게 된다. MITI 코딩을 위해서 면담회기 중 무작위로 20분을 구간을 정해 평가하는 것을 추천한다. 20분보다 짧거나 긴 면담 구간을 평가할 수는 있지만 이러한 샘플로 총점을 평가하는 것은 주의해야 한다. 특히 임상연구에서 동기면담 개입에 대한 전반적인 치료 효과 보존을 적절하게 추론할 수 있도록 무작위로 면담구간을 샘플링 하는 데 세심한 주의를 기울여야 한다.

녹음(recording)은 필요하다면 멈출 수 있다. 하지만 실제로 코딩을 하는 동안 너무 자주 멈췄다가 다시 시작하는 것은 총점을 내는 데 필요한 게슈탈트 인상을 형성하는 코더의 능력을 혼란시킬 수 있다. 그래서 코더는 자신이 MITI 코딩 시스템을 능숙하게 사용할 때까지 녹음을 두 번 들으면서 평가할 수도 있다. 이런 경우 처음 들을 때는 총점을 평가하고, 두 번째 들을 때는 행동점수를 셀 수 있다.

C. 변화목표 정하기

MITI의 중요한 특징 중 하나는 대화 안에서 특정한 변화목표와 변화에 대한 특정 방향성을 유지하는 것에 초점을 맞춘다. 때로 목표행동(target behaviors)으로 불리기도 하는 변화목표는 매우 구체적이고 행동적이어야 한다(예: 음주 줄이기, 혈당수치 모니터링하기, 치료 프로그램에 참여하기). 코더는 코딩을 하기 전에 계획된 변화목표가 무엇인지를 알아야 한다. 변화목표는 코딩을 시작하기 전에 코더가 정해서 MITI 코딩 평가지에 기록해야 한다. 이것은 임상가가 내담자의 변화목표를 향해 나아가는 데 필요한 개입을 하고 있는지, 내담자로부터 변화대화를 유발하는지를 코더가 더 정확하게 판단할 수 있게 해 준다.

D. 총점

총점은 네 가지 영역(변화대화 일구기, 유지대화 완화하기, 파트너십, 공감)마다 임상가가 얼마나 잘했는지 또는 잘못했는지에 대한 코더의 전반적인 인상을 포착하는 것을 의미한다. 비록 많은 작은 요소를 동시에 평가함으로써 총점을 평가할 수도 있지만 코더의 즉각적인 판단이 가장 중요하다. 총점은 임상가의 총체적인 평가를 반영해야 하며, 그것은 개별적인 요소들과 분리될 수 없다.

총점은 최저점이 1점이고, 최고점이 5점인 5점 리커트 척도 상에서 평가된다. 코더는 초깃값을 3점으로 가정하고 지시에 따라 점수를 올리거나 내린다. 또한 3점은 혼합된 임상적 실천을 반영할 수도 있다. 5점은 일반적으로 면담구간에서 잘 실천하지 못한 부분이 명확할 때는 주지 않는다.

변화대화 일구기				
낮음				높음
1	2	3	4	5
임상가가 내담자의 변화대화에 분명히 주의를 기울이지 않고, 선호하지도 않는다.	임상가가 내담자의 변화대화에 간헐적으로 주의를 기울인다. 하지만 변화대화를 격려할 기회를 자주 놓친다.	임상가가 내담자의 변화대화에 종종 주의를 기울인다. 하지만 변화대화를 격려할 기회를 가끔씩 놓친다.	임상가가 내담자의 변화대화에 일관성 있게 주의를 기울인다. 변화대화를 격려하기 위해 노력한다.	임상가가 변화대화의 깊이, 강도, 모멘텀을 증가시키기 위한 현저하고도 지속적인 노력을 보인다.

　이 척도는 임상가가 변화목표에 대한 내담자의 변화대화와 변화에 대한 자신감을 적극적으로 격려하는 정도를 측정한다. 변화대화 일구기 척도에서 높은 점수를 받기 위해서는 변화목표가 명확해야 하고, 대화가 변화에 대부분 초점을 맞추고 임상가는 가능할 때 적극적으로 변화대화를 일구어야 한다. 이 척도에서 낮은 점수는 임상가가 내담자의 변화대화에 주의를 기울이지 않고, 변화대화를 인식하지 못하고 따라가기를 실패하거나 상호작용의 다른 측면에 우선순위를 두는 경우이다[예: 개인력 조사(history-taking), 사정(assessment), 비지시적인 경청(non-directive listening)]. 이 척도에서 낮은 점수를 보이더라도 여전히 공감 수준이 높고, 임상적으로 적합할 수 있다.

　내담자가 변화대화를 말하지 않거나, 변화대화를 유발하는 노력에 반응하지 않는다면 임상가에게 불리하게 평가하지 않도록 주의해야 한다.

■ **언어적 표현기준**

1. 임상가가 내담자의 변화대화에 분명히 주의를 기울이지 않고, 선호하지도 않는다.

   예

   - 문제에 대한 과거력만 질문한다.
   - 내담자가 경험하는 문제들에만 초점이 맞추어 대화를 구조화한다.
   - 내담자의 가치, 강점, 희망 또는 과거 성공경험에 관심이나 주의를 보이지 않는다.
   - 내담자와의 대화에서 오직 교육만 제공하려고 한다.
   - 내담자로부터 변화대화를 이끌어 내기보다는 임상가가 변화이유를 이야기한다.
   - 내담자가 변화대화를 이야기했는데도 그것을 무시한다.

2. 임상가가 내담자의 변화대화에 간헐적으로 주의를 기울인다. 하지만 변화대화를 격려할 기회를 자주 놓친다.

   예

   - 변화목표에 대한 내담자의 말에 피상적인 주의를 기울인다.
   - 변화의 잠재적 이득에 대해 물어보지 않는다.
   - 내담자의 가치, 강점, 과거의 성공경험에 대한 호기심이 부족하거나 관심이 별로 없다.

3. 임상가가 내담자의 변화대화에 종종 주의를 기울인다. 하지만 변화대화를 격려할 기회를 가끔씩 놓친다.

[예]

- 내담자의 변화대화를 격려할 기회를 놓친다.
- 유지대화와 변화대화에 동일한 시간과 주의를 둔다[예: 변화를 위한 모멘텀(momentum)이 나타난 이후에 결정저울을 사용하는 것].

4. 임상가가 내담자의 변화대화에 일관성 있게 주의를 기울인다. 변화대화를 격려하기 위해 노력한다.

[예]

- 자주 내담자의 변화 이유를 인정하고 내담자가 변화 이유를 이야기할 때 탐색한다.
- 보다 심도 있는 탐색을 격려하지 못하는 반영으로 변화대화에 자주 반응한다.
- 내담자가 변화대화를 이야기할 때 궁금증을 표현한다.
- 변화목표와 관련된 내담자의 가치, 강점, 희망, 과거 성공경험을 탐색한다.

5. 임상가가 변화대화의 깊이, 강도, 모멘텀을 증가시키기 위한 현저하고도 지속적인 노력을 보인다.

[예]

- 일련의 대화에서, 임상가는 내담자의 변화대화가 유발될 수 있도록 조성한다.
- 변화대화를 이끌어 내고 강화하는 방법으로 구조화된 치료적 과업들을 사용한다.

- 내담자가 변화대화를 이야기할 때 더 깊이 탐색할 수 있는 기회를 일반적으로 놓치지 않는다.
- 전략적으로 변화대화를 이끌어 내고 변화대화가 나왔을 때 지속적으로 반응한다.
- 변화대화의 모멘텀을 형성할 기회를 거의 놓치지 않는다.

유지대화 완화하기				
낮음				높음
1	2	3	4	5
임상가가 유지대화의 빈도나 깊이를 촉진하는 태도로 내담자의 언어에 지속적으로 반응한다.	임상가가 일반적으로 내담자의 유지대화를 탐색하고, 초점을 맞추고, 반응한다.	임상는 내담자의 유지대화를 선호하지만, 유지대화로부터 초점을 멀리 두려는 모습이 가끔씩 보인다.	임상는 내담자의 유지대화를 강조하는 것을 일반적으로 피한다.	임상는 내담자의 유지대화의 깊이, 강도, 모멘텀을 감소시키기 위해 현저하고도 지속적으로 노력을 보인다.

이 척도는 임상가가 변화에 반대하는 이유나 현재 상태를 유지하려는 이유들에 초점을 두지 않고 피하는 정도를 측정한다. 높은 점수를 얻기 위해서는 임상가는 변화를 원하지 않는다는 논의나 변화의 어려움에 대한 논의를 질질 끌지 않도록 피해야만 한다. 비록 치료자가 신뢰관계(rapport)를 형성하기 위해 때로 유지대화에 관심을 둘 수도 있지만, 일반적으로 치료자는 변화동기를 높이기 더 유리한 영역으로 논의를 이끄는 데 필요한 만큼의 많은 시간을 할애해야 한다. 높은 점수는 임상가가 유지대화를 유발하는 행동에 관여하지 않고, 면담회기 동안 유지대화가 없을 때도 얻을 수 있다. 낮은 점수는 임상가가 변화의 장애요인에 상당히 주의를 기울

일 때에 해당하며, 면담회기 전체에 유지대화를 유발하고 반영하는 동기면담 일치 기법(예: 열린 질문하기, 반영하기, 인정하기 등)을 사용하는 때에도 해당한다.

▣ 언어적 표현기준

1. 임상가가 유지대화의 빈도나 깊이를 촉진하는 태도로 내담자의 언어에 지속적으로 반응한다.

   <u>예</u>

   - 변화에 반대하는 주장, 변화의 어려움을 이야기하도록 직접적으로 묻는다.
   - 질문, 반영, 인정을 통해 유지대화가 진술될 때 적극적으로 상세하게 말하게 한다.
   - 변화대화와 유지대화가 동시에 진술될 때, 우선적으로 유지대화에 관심을 두고 강화한다.
   - 변화하지 않으려는 이유에 지속적으로 호기심을 가지고 초점을 둔다.

2. 임상가가 일반적으로 내담자의 유지대화를 탐색하고, 초점을 맞추고, 반응한다.

   <u>예</u>

   - 내담자가 변화의 장애요인이나 어려움을 진술할 때 자주 그것에 대해 더 많은 이야기를 하도록 한다.
   - 내담자가 말하지 않음에도 불구하고 면담에서 1회 이상 변화의 장애요인에 대해 묻는다.

• 현재 상태를 유지했을 때의 이득을 자주 반영한다.

3. 임상가는 내담자의 유지대화를 선호하지만, 유지대화로부터 초점을 멀리 두려는 모습이 가끔씩 보인다.

[예]

• 유지대화에서 초점을 전환시킬 수 있는 일부 기회를 놓친다.
• 내담자가 변화대화를 진술할 때도 현재 상태를 유지했을 때 의 이득에 관심을 둔다.

4. 임상가는 내담자의 유지대화를 강조하는 것을 일반적으로 피한다.

[예]

• 변화하지 않는 이유들을 직접적으로 묻지 않는다.
• 유지대화가 진술될 때 유지대화에 최소한의 주의를 둔다.
• 유지대화를 상세하게 말하도록 하지 않는다.
• 현재 상태를 유지하려는 내담자의 이유에 호기심과 초점을 두지 않는다.
• 변화의 장애요인에 대한 논의에 머무르지 않는다.

5. 임상가는 내담자의 유지대화의 깊이, 강도, 모멘텀을 감소시키기 위 해 현저하고도 지속적으로 노력을 보인다.

[예]

• 유지대화에서 변화목표로 초점을 전환시키는 구조화된 치 료적 과업들을 사용한다.
• 유지대화에서 멀어지기 위해 양면반영(유지대화를 앞에, 변

화대화를 뒤에 반영)을 사용할 수 있다.

유지대화 완화하기				
낮음				높음
1	2	3	4	5
임상가는 내담자와의 상호작용에서 대부분 전문가 역할을 담당한다. 협동이나 파트너십은 부재하다.	임상가는 협동할 수 있는 기회에 피상적으로 반응한다.	임상가는 내담자의 기여를 통합하기는 하지만 미온적이거나 불규칙한 방식으로 한다.	임상가는 협동과 힘의 공유를 촉진하여 내담자의 기여가 면담회기에 영향을 미치게 한다. 임상가가 그렇게 하지 않으면 면담회기에 영향을 미치지 않는다.	임상가는 적극적으로 상호작용에서 힘의 공유를 촉진하고 격려하여 내담자의 기여가 상당 부분 면담회기 대화의 본질에 영향을 준다.

　이 척도는 임상가가 변화에 대한 전문지식과 지혜는 대부분 내담자 안에 있다는 이해를 전달하는 정도를 측정한다. 이 척도의 점수가 높은 임상가는 고려 중인 변화를 해결하는 데 유용할 수 있는 지식을 가진 두 명의 동등한 파트너 간에 인터뷰가 진행되는 것처럼 행동한다. 이 척도의 점수가 낮은 임상가는 대부분의 상호작용에서 전문가 역할을 담당하고 상호작용 대화의 본질에 높은 수준의 영향력을 가진다.

■ 언어적 표현기준

1. 임상가는 내담자와의 상호작용에서 대부분 전문가 역할을 담당한다. 협동이나 파트너십은 부재하다.

　예

　• 문제를 정의하고, 목표를 제시하거나 행동 계획을 설계함으

로써 직접적으로 전문가 역할을 한다.

- 임상가는 내담자와 상호작용을 하는 대부분 특정 의제를 적극적으로 강요한다.
- 내담자의 아이디어를 부인하거나 최소화한다.
- 대화를 주도한다.
- 내담자가 대안을 이야기할 때 논쟁한다.
- 교정반사를 자주 보인다.

2. 임상가는 협동할 수 있는 기회에 피상적으로 반응한다.

예

- 임상가는 거의 전문가 역할을 놓치지 않는다.
- 내담자의 생각에 대해 최소한의 질문을 하거나, 피상적으로 묻는다.
- 지식이나 전문지식을 제공함으로써 상호 문제해결 기회를 종종 희생시킨다.
- 내담자의 잠재적 의제 항목, 지식, 아이디어, 염려에 최소한으로, 피상적으로 반응한다.
- 때때로 내담자를 교정하거나 내담자의 말을 반박할 수 있다.

3. 임상가는 내담자의 기여를 통합하기는 하지만 미온적이거나 불규칙한 방식으로 한다.

예

- 협동하는 기회들을 활용할 수 있지만 협동을 이끌어 내기 위한 상호작용은 구조화하지 않는다.

- 내담자가 주도했음에도 불구하고 협동의 기회를 약간 놓친다.
- 교정반사는 대부분 보이지 않는다.
- 지식이나 전문지식을 제공함으로써 상호 문제해결의 기회를 약간 희생시킨다.
- 내담자와 교착상태에 있는 것 같다. 즉, 레슬링을 하지도 않고 춤을 추지도 않는다.

4. 임상가는 협동과 힘의 공유를 촉진하여 내담자의 기여가 면담회기에 영향을 미치게 한다. 임상가가 그렇게 하지 않으면 면담회기에 영향을 미치지 않는다.

   예

   - 내담자의 생각을 이야기할 수 있도록 면담회기의 일부를 구조화한다.
   - 문제 정의, 의제 설정, 목표 설정에 내담자와 합의점을 찾고자 한다.
   - 형식적인 방식을 넘어서서 내담자의 관점을 요청한다.
   - 문제해결이나 브레인스토밍에 내담자를 관여시킨다.
   - 내담자가 유지대화로 뒤로 물러나도 교육하거나 지시하려고 하지 않는다.
   - 내담자가 준비되어 있지 않으면 결심(resolution)을 강요하지 않는다.

5. 임상가는 적극적으로 상호작용에서 힘의 공유를 촉진하고 격려하여

내담자의 기여가 상당 부분 면담회기 대화의 본질에 영향을 준다.

예

- 회기를 위한 의제와 목표들을 진정성을 가지고 협의한다.
- 질문과 경청을 통해 내담자의 아이디어에 호기심을 표현한다.
- 대안과 계획에 대해 내담자가 평가하도록 촉진한다.
- 내담자를 전문가이자 의사결정자로 직접적으로 동일시한다.
- 내담자의 정보에 따라 정보제공하기와 전문지식을 조절한다.
- 임상가는 내담자의 결핍(deficits)을 탐색하기보다 강점과 자원들에 대해 이야기하는 것을 선호한다.

유지대화 완화하기				
낮음				높음
1	2	3	4	5
임상가는 내담자의 관점에 거의 또는 전혀 관심이 없다.	임상가는 내담자의 관점을 간헐적으로 탐색하는 노력을 한다. 임상가의 이해는 정확하지 않거나, 내담자의 진정한 의미와는 동떨어져 있다.	임상가는 내담자의 관점을 이해하기 위해 적극적으로 노력하고 어느 정도 성공한다.	임상가가 내담자의 관점을 이해하고자 적극적이고 반복적으로 노력한다. 내담자의 세계관을 정확하게 이해하고 있다는 근거를 보이기도 하지만 외적인 내용에 대부분 국한된다.	임상가는 내담자의 관점에 대해 내담자가 이야기한 말뿐만 아니라 이야기하지 않은 의미까지 심도 있게 이해하고 있다는 증거를 보인다.

이 척도는 임상가가 내담자의 관점과 경험을 어느 정도 이해하고 있으며, 파악하려는 노력을 하고 있는 정도를 측정한다(예: 내담자가 느끼거나 생각하는 것에 대해 알아보고자 얼마나 많은 시도를 하는가?). 공감(empathy)을 동정(sympathy), 온정(warmth), 수용(acceptance), 진정성(genuineness), 지지(support), 내담자 옹호(client advocacy)와 혼동해서는 안 된다. 이것들은 공감을 평가하는 것과는 별개다. 반영적 경청은 이 특성에 중요한 부분이긴 하지만 총점은 임상가가 내담자의 관점을 이해하고 이해한 것을 내담자에게 전달하려는 모든 노력을 포착하는 것이 목적이다.

공감 수준이 높은 임상가는 내담자가 말하지 않았지만 내담자의 말의 의미를 예측하는 복합반영(complex reflections), 경청을 기반으로 한 통찰력을 제공하는 질문(insightful questions), 내담자의 감정 상태에 대한 정확한 이해(accurate appreciation)를 포함한 다양한 방법으로 내담자의 세계관(worldview)을 이해한다. 공감 수준이 낮은 임상가는 내담자의 관점에 관심을 가지지 않는다.

■ **언어적 표현기준**

1. 임상가는 내담자의 관점에 거의 또는 전혀 관심이 없다.

예

- 정보수집을 위한 질문만 한다.
- 내담자의 관점을 이해하려는 노력 없이 사실적 정보를 탐색한다.

2. 임상가는 내담자의 관점을 간헐적으로 탐색하는 노력을 한다. 임상

가의 이해는 정확하지 않거나, 내담자의 진정한 의미와는 동떨어져 있다.

예

- 반영을 하지만 내담자가 말한 것을 자주 잘못 해석한다.
- 내담자를 이해하는 노력 수준이 얕다.

3. 임상가는 내담자의 관점을 이해하기 위해 적극적으로 노력하고 어느 정도 성공한다.

예

- 어느 정도 정확한 반영을 하지만 내담자의 핵심을 놓칠 수 있다.
- 면담회기 전반에 걸쳐 내담자의 말의 의미를 파악하기 위해 노력한다.

4. 임상가가 내담자의 관점을 이해하고자 적극적이고 반복적으로 노력한다. 내담자의 세계관을 정확하게 이해하고 있다는 근거를 보이기도 하지만 외적인 내용에 대부분 국한된다.

예

- 내담자의 관점이나 상황에 대한 관심을 표현한다.
- 내담자가 이전에 한 말에 대해 정확한 반영을 한다.
- 내담자의 관점에 대한 이해를 효과적으로 의사소통한다.
- 내담자의 염려 또는 경험이 정상적이며, 다른 사람들과 유사함을 표현한다.

5. 임상가는 내담자의 관점에 대해 내담자가 이야기한 말뿐만 아니라 이
   야기하지 않은 의미까지 심도 있게 이해하고 있다는 증거를 보인다.

   예

   - 내담자가 면담회기 동안 말한 것을 넘어서서 이해한 바를
     효과적으로 의사소통한다.
   - 내담자의 관점이나 상황에 많은 관심을 보인다.
   - '내담자의 입장이 되어 보려는' 역지사지의 노력을 한다.
   - 내담자의 이야기를 단순히 따라가는 것을 넘어서서 내담자
     가 상세하게 이야기하도록 자주 격려한다.
   - 정확한 복합반영을 많이 한다.

E. 행동점수

행동점수는 임상가의 동기면담 사용에 대한 전반적인 인상과는
관계없이 구체적인 행동을 포착하려는 목적이 있다. 전반적인 인
상을 포착하려는 총점과는 달리 행동점수는 범주화와 결정 기준에
의해 결정된다. 코더는 추론에 의존하여 임상가의 행동점수를 평
가하지 말아야 한다.

E.1. 임상가의 진술 나누기

면담회기는 발리(volley)로 나뉘는데, 발리는 중단되지 않은 임상
가의 진술로 정의된다. 하나의 발리는 임상가가 이야기를 시작할

때 시작하고, 내담자의 말에 의해 끝이 난다('네' '맞아요' '좋아요'와 같은 촉진적인 말이 아닌 내담자의 말). 발리는 대화에서 말하는 순서와 같다.

E.1.a 나누기 규칙

임상가의 발리는 하나 또는 여러 개의 문장(utterance)으로 구성된다. 하나의 문장은 하나의 완전한 사고(complete thought)나 사고 단위(thought unit)로 정의된다(Gattman, Markman, & Notarius, 1977; Weiss, Hops, & Patterson, 1973). 비록 모든 문장에 행동코드(behavior code)를 부여하지 않지만 행동코드는 임상가의 문장에 할당된다('F. MITI에서 코딩하지 않는 문장들' 참조).

각 문장은 하나의 행동으로 코딩되고, 각 발리도 하나로 코딩된다. 예를 들어, "당신은 음주문제로 걱정하고 있군요."라는 말에는 하나의 코드가 할당된다. 반면, "당신은 음주문제로 걱정하고 있군요. 이전에 그것이 문제가 되었나요?"는 두 개의 문장으로 나뉘고, 각각 코딩된다. 따라서 상대적으로 긴 답변 과정에서 만일 임상가가 반영하고, 직면시키고, 정보를 제공하고, 질문하면 이것들은 각각 별개의 행동코드를 부여할 수 있다. 이와 유사하게 임상가가 같은 발리 속에서 자율성 강조하기(emphasizing autonomy)와 인정하기(affirm)를 한다면 각각 코딩된다(동기면담 일치/불일치 문장 나누기 규칙은 MITI 이전 버전과 다름을 주의해야 한다).

반영(reflections)은 다르게 다루어진다. 발리 안에서 단순반영과 복합반영 결합과 관계없이 발리당 하나의 반영으로만 코딩된다. 반영 중에 어느 하나의 반영이 복합반영이면 복합반영(CR) 코딩되고, 그렇지 않은 반영은 단순반영(SR)으로 코딩된다. 대신 임상가가 단순반영과 닫힌질문을 한 후에 복합반영을 했다면 발리는 두 개(복합반영, 질문)로 코딩된다.

마지막으로, 질문은 MITI 4.0에서 발리당 하나만 코딩된다. 만약 같은 발리 안에 여러 질문이 있다면, 하나의 질문으로만 코딩된다.

발리당 가능한 최대 행동코드 수는 여덟 개다. 발리당 다음의 코드 유형에서 각각 하나만 코딩할 수 있다.

① 정보제공하기(GI)

② 설득하기(Persuade 또는 Persuade with)

③ 질문(Q)

④ 단순반영(SR) 또는 복합반영(CR)

⑤ 인정(AF)

⑥ 협동구하기(Seek)

⑦ 자율성 강조하기(Emphasize)

⑧ 직면(Confront)

결정 기준: 코더가 문장을 나누는 데에 있어 확실하지 않으면, 나누기를 더 적게 해야 한다.

E.2. 문장 나누기 연습

E.2.a 다음의 임상가 진술을 보자.

"글쎄요, 이렇게 질문해 보지요. 여기 강제로 오셨고, 모두들 옆에서 잔소리하는 것처럼 느끼시고, 음주에 대해 까마귀 떼처럼 달려드는 것처럼 느끼시는데요. 여기 있는 시간을 어떻게 보내고 싶으세요? 무엇이 도움이 될까요?"

위의 문장들을 다음과 같이 나눌 수 있다.

문장 1: 글쎄요, 이렇게 질문해 보지요. 여기 강제로 오셨고, 모두들 옆에서
　　　　잔소리하는 것처럼 느끼시고, 음주에 대해 까마귀 떼처럼 달려드는
　　　　것처럼 느끼시는데요. **(복합반영)**
문장 2: 여기 있는 시간을 어떻게 보내고 싶으세요? 무엇이 도움이 될까요?
　　　　(협동구하기)

E.2.b. 다음의 임상가 진술을 보자.

"지금 말씀하신 것이 정말 옳아요. 선생님에게 달려 있어요. 아무도 대신 선택하지 않고 선택할 수도 없지요. 아내가 대신 결정하고 싶어 해도, 직장 상사가 그러고 싶어 해도, 제가 그러고 싶어도, 아무도 할 수 없지요. 전적으로 선생님의 선택입니다. 어떻게 인생을 살 것인지, 약물에 대해 어떻게 할 것인지, 어디로 갈 것인지가 모두 선생님에게 달려 있지요. 선생님에게 힘들어 보이는 것은 '내가 원하는 것이 무엇인가? 변화해야 할 시간이 지금인가? 이 검사 결과가 경종이

되는 것인가?' 하는 질문입니다."

다음과 같이 나눌 수 있다.

문장 1: 지금 말씀하신 것이 정말 옳아요. 선생님에게 달려 있어요. 아무도
　　　대신 선택하지 않고 선택할 수도 없지요. 아내가 대신 결정하고 싶어
　　　해도, 직장 상사가 그러고 싶어 해도, 제가 그러고 싶어도, 아무도 할
　　　수 없지요. 전적으로 선생님의 선택입니다. 어떻게 인생을 살 것인지,
　　　약물에 대해 어떻게 할 것인지, 어디로 갈 것인지가 모두 선생님에게
　　　달려 있지요. **(자율성 강조하기)**

문장 2: 선생님에게 힘들어 보이는 것은 '내가 원하는 것이 무엇인가? 변화
　　　해야 할 시간이 지금인가? 이 검사 결과가 경종이 되는 것인가?' 하
　　　는 질문입니다. **(복합반영)**

E.2.c. 다음의 임상가 진술을 보자.

"선생님의 질문에 대답하면, 최소 5인분의 과일과 야채를 매일 섭취하는 것이
권장됩니다. 물론 선생님은 스스로를 위해 어떠한 식이요법을 실천할지 결정할
수 있는 유일한 분이십니다. 하루에 과일과 야채를 얼마나 섭취하셨나요? 제 말
은, 선생님이 그렇게 할 수 있나요?"

다음과 같이 나눌 수 있다.

문장 1: 선생님의 질문에 대답하면, 최소 5인분의 과일과 야채를 매일 섭취

하는 것이 권장됩니다. **(정보제공하기)**

문장 2: 물론 선생님은 스스로를 위해 어떠한 식이요법을 실천할지 결정할 수 있는 유일한 분이십니다. **(자율성 강조하기)**

문장 3: 하루에 과일과 야채를 얼마나 섭취하셨나요? 제 말은, 선생님이 그렇게 할 수 있나요? **(질문)**

E.2.d. 다음의 임상가 진술을 보자.

"당신은 정말 지쳤군요. 제가 그 문제를 해결했어야 하는 때였다는 것을 알고 있습니다. 당신은 그 문제를 해결하기를 원하고, 그것을 위해 당신은 정말로 열심히 노력하고 있군요."

다음과 같이 나눌 수 있다.

문장 1: 당신은 정말 지쳤군요. **(반영, 상황에 따라 단순반영 또는 복합반영으로 코딩될 수 있음)**

문장 2: 제가 그 문제를 해결했어야 하는 때였다는 것을 알고 있습니다. **(자기개방, 코딩하지 않음)**

문장 3: 당신은 그 문제를 해결하기를 원하고, 그것을 위해 당신은 정말로 열심히 노력하고 있군요. **(인정)**

E.3. 문장을 나눌 때

임상가의 이야기를 방해하지 않는 '예' 또는 '맞아요'와 같은 내담자의 진술은 코딩할 때 내담자의 진술은 임상가의 발리를 방해하지 않는 촉진적인 진술로 생각한다. 하지만 만약 내담자가 임상가의 직접적인 질문이나 반영에 대한 대답으로 '예' 또는 '맞아요'와 같은 촉진적인 진술을 했다면 문장을 나누어야 한다. 기본적으로 문장을 적게 나누어야 한다는 것을 기억해야 한다. 예를 들면, 다음과 같다.

> "제가 잘 이해했는지 보겠습니다. 여기 오늘 오신 것에 대해 유쾌하지는 않으시지만 몇 가지 변화를 해 보실 의향이 있으시군요. 음주가 몇 가지 문제의 원인이라고 인식하고 있고, 음주에 대해 변화해야 할 때라고 생각하시고요."

만약 내담자가 위의 표현 중간에 '예'라고 하면서 상담자의 말에 동의함을 전달한다면, 문장은 분리되지 않는다. 다음 임상가의 예와 비교해 보라.

> "당신은 정말로 음주에 대해 걱정하고 있고, 약간의 변화를 할 마음이 있으시군요. 당신은 음주 치료에 대해 이야기할 때가 되었다고 생각하시나요?"

여기에서 만약 치료를 해야 하는 시기라는 것에 대한 동의로 내담자가 "예"라고 반응 했다고 하면, 내담자의 대답으로 임상가의 문장은 중단되었고, 새로운 발리가 임상가의 다음 문장으로 시작될 것이다.

다양한 촉진적인 이야기가 많이 포함된 임상가와 내담자의 대화가 계속 이어질 때는, 코더는 문장을 많이 나누기보다는 적게 나누어야 하는 결정 기준을 기억하며 문장을 나누어야 한다.

E.4. 행동코드

E.4.a. 정보제공하기

정보제공하기(GI)는 임상가가 정보를 제공할 때, 교육시킬 때, 피드백을 제공할 때 혹은 설득, 조언, 경고 없이 전문적인 의견을 표현할 때 사용된다. 일반적으로 정보를 제공하는 임상가의 어조는 중립적이고, 일반적인 정보를 제공하는 임상가의 말(language)은 해당 정보가 내담자와 구체적으로 관련 있다거나 내담자가 제공된 정보대로 반드시 행동을 해야 한다는 것을 의미하지는 않는다. 정보제공 하위 코드는 없다.

> "저의 임상 경험에 의하면, 선생님과 비슷한 상황의 대부분의 환자에게는 심장 재활이 최선의 선택이라고 생각합니다."

> "가이드라인에는 여성은 일주일에 7잔 이상 음주하면 안 된다고 명시되어 있습니다."

E.4.a.1. 구조화 진술은 정보제공으로 코딩하지 않는다.

구조화 진술은 면담에서 무엇을 할 것인지, 어떤 연습을 위한 훈련인지, 다음 면담은 언제인지, 연구를 위한 면담 횟수와 시간에 관한 논의하는 진술을 포함한다. 구조화 진술의 예는 다음과 같다.

"이 강점 목록을 보시고, 선생님에게 해당되는 2∼3개를 골라 주십시오."

"○○ 님의 치료계획을 함께 보면서 무엇이 변화해야 할지 보도록 하겠습니다."

"이번 회기 면담이 끝나고 2회기밖에 남지 않았습니다. 그래서 우리는 이후 면담 계획을 세워야 합니다."

E.4.a.2. 다른 행동코드와 정보제공을 구분한다.

정보제공하기(giving information)는 설득하기(persuading), 직면하기(confronting) 또는 내담자의 동의하에 설득하기(persuading with permission)와 헷갈려서는 안 된다.

"저의 임상 경험에 의하면, 환자분들에게는 심장재활이 최선의 선택이라고 생각합니다." **(설득)**

"저의 임상 경험에 의하면, 환자분들에게는 심장재활이 최선의 선택이라고 생각합니다. ○○ 님은 하나의 선택으로 이것에 대해 어떻게 생각하세요? **(허락하에 설득, 협동 추구)**

"평가에서 일주일에 평균 18잔을 마신다고 하셨군요. 이것은 사회적 음주(social drinking) 범위를 훨씬 초과하는 수치입니다." **(직면)**

"음. ○○ 님께서는 5개의 과일을 먹는다고 말씀하셨지만 차트를 보면 하루 2개의 과일만 먹네요. 자기 자신을 속이는 것은 쉬울 수 있습니다." **(직면)**

"저한테는 효과가 있었어요. ○○ 님도 한번 해 보시면 도움이 될 거에요. ○○ 님을 위한 적당한 AA 모임을 찾아야 합니다. ○○ 님은 좋은 AA 모임을 찾지 못했을 뿐입니다." **(설득)**

"자전거 헬멧을 항상 착용하는 것을 권합니다. 자전거 헬멧이 충돌 사고 시 ○○ 님을 실제로 보호해 줄 겁니다." **(설득)**

"오늘 다른 분들에게 효과가 있었던 것들에 대해 이야기 나누고자 합니다." **(코딩하지 않음, 구조화 진술)**

"선택은 ○○ 님의 몫입니다. 하지만 제 생각에는 치료를 받으시는 것이 ○○ 님에게 좋습니다." **(자율성 강조하기, 허락하에 설득)**

"이 수준으로 음주를 계속하시면 실제로 간이 손상될 수 있습니다." **(설득)**

E.4.b. 설득

임상가는 논리적 설명, 강력한 논쟁, 자기개방, 사실과 같은 방법(그리고 변화에 대한 명확한 메시지를 이러한 방법과 명확히 연결)을 활용해서 내담자의 의견, 태도, 행동을 변화시키려고 명백히 시도한다. 설득은 또한 임상가가 내담자의 자율성을 강조하는 명확한 진술이나 강력한 문맥상의 단서가 없이 문제에 대한 치우친 정보, 조언, 제안, 팁, 의견, 해결책을 제공하면 코딩된다.

만약 임상가가 내담자를 설득하거나 영향을 미치는 데 초점을 명확하게 두지 않고, 중립적인 방식으로 정보제공을 하였다면, 정보제공으로 코딩되어야 한다.

결정 기준: 만약 코더가 설득과 정보제공 코딩 사이에서 결정을 하지 못하면, 정보제공으로 코딩되어야 한다. 이 결정원칙은 설득 코드를 상대적으로 상위에 설정하기 위한 것이다.

"아침 식사 시 약간의 과일을 먹지 않으면, 매일 5개의 과일과 채소를 섭취할 수 없습니다." **(설득)**

"저는 과체중이었습니다. 하지만 제 삶을 스스로 결정하기로 했습니다. ○○ 님도 저와 같은 결심을 한다면 나아질 겁니다." **(설득)**

"술을 완전히 끊으면 삶이 얼마나 좋아질지 모르는군요." **(설득)**

"아버님이 심한 음주를 하셨다고 하시니 ○○ 님 역시 그럴 가능성이 높습니다." **(설득)**

"우리는 알코올 중독자의 자녀들이 문제음주 위험이 높다는 것을 알고 있습니다." **(정보제공하기)**

"저는 ○○ 님의 문제음주 위험에 대한 몇 가지 정보를 가지고 있습니다. 이것을 당신과 함께 이야기할 수 있을까요?" **(협동구하기)**

"모든 것을 종합하면 약물치료를 하지 않으면 혈당 관리에 많은 어려움이 있을 겁니다. 이것이 ○○ 님에게 최선이 아니라고 생각하면 저는 말하지 않을 겁니다. 저의 역할은 ○○ 님이 더 나아지도록 돕는 것이고, 저에게 그것이 매우 중요합니다." **(설득)**

"성관계를 가질 때마다 콘돔을 사용하면, 성병(sexually transmitted infection)에 걸릴지 안 걸릴지에 대해 걱정을 하지 않아도 됩니다. 괜찮지 않나요?" **(설득)**

"우리는 어린이집에 아이를 맡기는 것이 아이에게 좋지 않다고 생각해 왔습니다. 하지만 오늘날 연구들에서는 어린이집에 다니지 않는 아동에 비해 어린이집에 다니는 것이 아동의 사회기술 증진에 실제적 도움이 된다고 합니다." **(정보제공하기)**

"지금 ○○ 님 인생에서 모든 일이 벌어지고 있는데, 자녀들이 일주일에 이틀 정도 어린이집에 데려다 주는 것이 어떻게 피해가 될 수 있을까요?" **(설득)**

E.4.c. 허락하에 설득하기

허락하에 설득하기(persuade with permission) 코드는 임상가가 설득하는 동안에 협동(collaboration) 또는 자율성 지지하기(autonomy support)를 강조할 때 부여된다. 허락 조건은 다음과 같은 경우다.

① 내담자가 무엇을 해야 할지, 어떻게 진행해야 할지에 대해 직접적으로 임상가의 의견을 물어 볼 경우

② 임상가가 조언, 제안, 의견, 피드백, 염려 표현, 권고를 제공하거나 특정 주제에 대해 논의하기 위해 내담자에게 직접적으로 허락을 구했을 경우

③ 임상가가 조언 시작 시에 내담자의 자율성을 지지하는 표현을 했거나, 임상가의 조언을 내담자가 고려하지 않거나, 무시하거나, 개인적인 평가를 선택할 수 있도록 했을 경우

임상가는 전반적인 허락(예: 오늘 보호관찰 요구사항에 대해 이야기를 하는 것에 대해 어떻게 생각하나요?)이나 주제, 조건, 행동 항목에서의 구체적인 허락(예: 당신이 괜찮다면, 나는 다른 사람들이 혈당을 꾸준히 측정하기 위하여 사용하는 몇 가지 전략에 대하여 이야기를 나눌거예요)을 구할 수 있다.

허락은 설득이 사용되기 전이나 중간 또는 나중에 구할 수도 있다. 그러나 설득이 끝나는 시간에 근접하게 반드시 허락은 이루어져야 한다. 허락과 함께 설득하기가 분명한 협동을 구하거나 자율성 강조하기와 동반된다면, 허락과 함께 설득하기와 협동구하기 또는 자율성 강조하기 코드가 부여해야 한다.

임상가가 좀 더 전반적인 허락을 구했다면, 매 진술이나 제안에 대하여 반복적으로 할 필요는 없다. 몇 분 동안 지속될 수 있는 "허락의 조건(condition of permission)"이 있다. 다시 허락을 구하지 않고도 임상가가 주제를 바꾸고, 좀 더 지시적이 되고, (전문가가 되어) 중요한 내용을 추가로 이야기하거나, 계획을 처방하기 시작한다면, 임상가는 설득 코드를 받을 수 있다.

임상가가 중립적인 태도로 정보제공이나 조언을 했다면, 정보제

공하기(GI) 코드를 부여해야 한다는 것을 주의해야 한다. 코더가 확실하지 않으면 GI 코드가 부여해야 한다.

"음, 아버지가 문제음주자이기 때문에 통계에 따르면 ○○ 님은 분명히 위험이 높습니다. 하지만 모든 사람은 다릅니다. 이것에 대해 어떻게 생각하나요?" **(허락하에 설득하기, 협동구하기)**

"제 내담자 중 일부 사람의 경우를 보면 지금의 ○○ 님처럼 삶이 너무 힘들 때 특별히 어린이집을 구원자처럼 여기기도 하더군요. 하지만 저는 ○○ 님이 어린이집에 대한 걱정하고 있다는 것을 알고 있습니다. 그래서 어떻든 간에 ○○ 님에게는 반드시 맞지 않을 수도 있습니다." **(허락하에 설득하기, 협동구하기)**

"○○ 님의 아이들이 좀 더 많은 도움을 줄 수 있도록 하는 데 몇 가지 아이디어가 있습니다. 제 아이에게는 별 차트(star chart)를 사용해서 방을 청소하게 한 적이 있습니다. 방 청소를 하고, 아들은 매일 별을 받았습니다. 7개의 별을 모으면 토요일 밤에 영화를 선택해 보게 했습니다." **(설득하기)**

인슐린 주사

"지난 세 번의 검사에서 ○○ 님의 당화혈색소(A1C) 수치가 12%가 넘었습니다. 일반적으로 이 정도의 수치에서는 합병증 위험이 높습니다." **(정보제공하기)**

"당화혈색소 수치를 보면 ○○ 님이 최선의 노력을 했음에도 혈당조절의 어려움이 있는 게 확실하네요. 이런 시점에서 ○○ 님을 위한 최선의 조언은 경구 약물 복용을 중단하고 인슐린 주사로 바꾸는 겁니다. 하지만 인슐린 주사로 바꾸는 것을 ○○ 님이 고려하실 건지에 대해서는 저는 알 수가 없습니다. ○○ 님의 생각을 듣고 싶습니다." **(허락하에 설득하기, 탐색)**

임상가: ○○ 님의 검사 결과를 살펴보았습니다. 혈당 수준을 개선 할 수 있는 방법에 대한 몇 가지 생각을 나눌 수 있을지 궁금하네요. **(협동구하기)**

내담자: 물론이죠, 당신이 어떻게 생각하는지 궁금하네요.

임상가: 당화혈색소 수치를 보면 ○○ 님이 최선의 노력을 했음에도 혈당조절의 어려움이 있는 게 확실하네요. 이런 시점에서 ○○ 님을 위한 최선의 조언은 경구 약물 복용을 중단하고 인슐린 주사로 바꾸는 겁니다. 하지만 인슐린 주사로 바꾸는 것을 ○○ 님이 고려하실 건지에 대해서는 저는 알 수가 없습니다. ○○ 님의 생각을 듣고 싶습니다. **(허락하에 설득하기, 협동구하기)**

자녀양육에 대한 자기개방

임상가: 음. 여기에 적합한 제 아이 이야기가 하나 있습니다. ○○ 님이 제 경험에 대해 듣고 싶은지 궁금하네요. **(협동구하기)**

내담자: 도움이 된다면 무엇이든지요.

임상가: 제 아이에게는 별 차트를 사용해서 방을 청소하게 한 적이 있습니다. 방 청소를 하고, 아들은 매일 별을 받았습니다. 7개의 별을 모으면 토요일 밤에 영화를 선택해 보게 했습니다. **(허락하에 설득하기)**

금연

임상가: 금연하는 방법에 대해 ○○ 님에게 어떤 정보를 알려 드려도 괜찮

을지 궁금합니다. **(협동구하기)**

내담자: 예.

임상가: 니코틴 껌을 사용한 내담자들이 좋은 결과가 있었습니다. **(허락하에
설득하기)**

E.4.c.1 설득하기와 허락하에 설득하기의 결정 기준

결정 기준: 설득하기와 허락하에 설득하기가 동일한 발언에서 동시에 진술되었을 때는 코더는 허락하에 설득하기 코드만 부여해야한다. 코더는 이러한 부호화되지 않는 설득하기 진술이 두 사람 간의 협동을 저해된다고 판단되면, 이것은 파트너십 총점에 반영해야 한다.

E.4.d. 질문하기

임상가의 열린질문, 닫힌질문, 유발적 질문, 사실 확인 질문 등의 모든 질문은 질문 코드로 부호화된다. 하지만 발리당 하나의 질문 코드만이 부호화된다. 따라서 임상가가 하나의 발리에서 별개의 질문을 네 번 했을 때도 질문 하나만으로 기록된다. MITI 4.0에서는 닫힌질문과 열린질문을 구별하지 않는다. 대신에 코더는 마음에 총점을 고려해 임상가의 질문의 본질에 주의해야 한다. 예를 들어, 면담 내 많은 사실 확인 질문(fact-finding questions)은 전체 파트너십 총점에서 낮은 점수와 관련될 수 있고 유지대화 완화하기 기회를 감소시킬 수 있다.

E.4.e. 반영하기

이 범주는 내담자 진술에 반응하는 임상가의 반영적 경청 진술을 포착하고자 한다. 반영하기는 새로운 의미나 도구로 소개될 수 있지만, 본질적으로 볼 때 내담자가 말한 것을 포착해서 내담자에게 되돌려 주는 것이다. 반영하기에는 단순반영과 복합반영이 있다.

E.4.e.1. 단순반영

단순반영은 일반적으로 이해한 바를 전달하거나 내담자−임상가 간의 대화를 촉진시킨다. 단순반영은 내담자가 말한 것에 의미(또는 강조)를 거의 혹은 전혀 추가하지 않는다. 단순반영은 매우 중요하거나 강렬한 내담자의 정서를 말해 주지만 내담자가 본래 진술에서 많이 넘어서지는 않는다. 만약 임상가가 추가적인 점(additional point)이나 방향(direction)을 추가해서 요약하기를 한 것이 아니라면 내담자의 여러 진술을 임상가가 요약한 경우 단순반영으로 코딩할 수 있다.

E.4.e.2. 복합반영

복합반영은 일반적으로 내담자가 한 말에 상당한 의미(substantial meaning)나 강조(emphasis)를 추가한 것이다. 내담자가 한 말에 심층적이거나 더 복합적인 측면을 전달하는 목적으로 활용된다. 때때로 임상가는 대화 내용을 확인하거나 다른 방향으로 대화를 이끌기 위해 내담자가 한 말의 특정한 부분을 강조할 수 있다. 임상가는 내담자의 말에 미묘하거나 매우 명확한 내용을 추가하거나, 내담자의 말을 결합하여 본질적인 방향성을 지닌 요약하기로 만들 수도 있다.

속도위반

내담자: 3개월 동안 세 번째 속도위반입니다. 보험료가 오를 거예요. 정말 죽이고 싶어요. 우리 가족들이 다른 것에 그 돈이 필요하다는 것을 그녀가 모를 수 있을까요?

임상가: 이것 때문에 몹시 화가 나셨군요. **(단순반영)**

또는

임상가: 이것은 ○○ 님에게 마지막 지푸라기시군요. **(복합반영)**

혈당 조절하기

임상가: 혈당조절에 대해 이미 어떤 이야기를 들으셨나요? **(질문하기)**

내담자: 놀리시는 건가요? 교육도 듣고, 비디오도 봤고, 가정 간호사도 방문했습니다. 혈당조절 방법에 대한 모든 종류의 조언을 들었습니다. 하지만 조절하지 않고 있는 것뿐입니다. 왜 그런지 모르겠어요. 제가 그냥 죽고 싶은 마음이 있나 봅니다. 아시겠어요?

임상가: 이것 때문에 상당히 낙심하셨군요. **(단순반영)**

또는

임상가: 스스로 혈당조절을 하지 않는 이유를 잘 모르시겠다는 거군요. **(복합반영)**

어머니의 독립

내담자: 엄마가 저를 미치게 해요. 독립하고 싶다고 말은 하지만 사소한 걸 묻기 위해 하루에 네 번이나 저에게 전화를 합니다. 그럴 때 제가 엄

마에게 뭔가 조언하면 화를 냅니다.

임상가: 엄마 때문에 매우 스트레스를 받고 있군요. **(단순반영)**

또는

임상가: 엄마가 진짜로 원하는 것을 알아내는 데 힘든 시간을 보내고 계시군

요. **(복합반영)**

또는

임상가: 엄마가 진짜로 원하는 것을 알아내는 데 힘든 시간을 보내고 계신

건가요? **(질문)**

또는

임상가: 엄마가 진짜로 원하는 것이 무엇이라고 생각하세요? **(질문)**

흡연

내담자: 저에게 뭘 하라고 하는 소리를 듣는 게 진절머리가 나요. 이것이 저

에게 얼마나 힘든지 아무도 이해하지 못해요.

임상가: 이것이 ○○ 님을 압도하나요? **(질문)**

또는

임상가: ○○ 님이 화가 나고 좌절하셨군요. **(복합반영)**

또는

임상가: ○○ 님 주위 사람들이 그것을 이해하는 것이 어렵다는 거군요. **(복

합반영)**

결정 기준: 코더가 단순반영과 복합반영을 구별하기 어려울 때
(요약하기를 포함하여), 단순반영으로 코딩한다.

E.4.e.3. 반영이 연속될 때

동일한 발리 안에 단순반영과 복합반영이 여러 개 있을 경우, 하나의 복합반영으로만 코딩해야 한다. 반영은 종종 연속적으로 나타나며, 발리를 많이 나누는 것은 신뢰도 낮추거나 발리의 의도에서 벗어날 수 있다. 따라서 임상가가 단순반영을 하고 이어서 자율성 강조하기를 하고 나서 복합반영을 한 경우, 복합반영과 자율성 강조하기만 코딩한다.

식이요법 실패

내담자: 이 식이요법에 계속 실패하고 있어요. 한동안은 괜찮지만 어느새 브라우니 한 판을 다 먹고 있다거나 잘해 오던 것을 망가뜨리는 걸 보게 돼요. 브라우니 한 판이 몇 칼로리인지 아세요? 브라우니랑 아이스크림이랑 같이 먹는건 제쳐 두고요. 이게 이렇게 힘든지는 정말 몰랐어요.

임상가: 앞으로 두 발짝, 뒤로 한 발짝 가는 거군요. 이 정도 성과는 충분하지 않은 것처럼 보이지 않을 수 있어요. ○○ 님에게 브라우니 한 판은 당연한 건데, 이것이 체중에는 끔찍하다는 것이 힘든 점이군요. 이렇게 힘든 줄 알았다면, 식이요법을 시도조차 하지 않았을 수 있겠네요. **(복합반영)**

내담자: 아니요, 식이요법을 꼭 해야 해요. 제 남은 인생 동안 브라우니를 절대 먹지 않을 것이라는 점을 받아들여야 한다 해도, 제 체중으로 스스로를 죽이는 것을 멈추어야 합니다.

임상가: 정말 해야 한다면 브라우니를 포기하더라도 체중 감량을 많이 원하시는군요. **(복합반영, 변화대화 일구기를 위한 가치 추가하기)**

또는

임상가: 사실상 모든 음식을 포기할 필요는 없어요. 연구 결과에 의하면 자
　　　　기가 좋아하는 음식을 제한하려고 할 때 오히려 더 먹게 된다고 합
　　　　니다. 최선의 목표는 적당히 먹는 겁니다. **(설득)**

E.4.e.4. 반영과 질문이 함께 있을 경우

때로 임상가는 반영으로 시작하지만, 반영의 신뢰도를 '확인'하
기 위해 질문을 한다. 두 개 다 코딩한다

내담자: 이따위 것을 더 이상 사용할 수 없어요.

임상가: 다시는 헤로인을 하고 싶지 않은 것에 확신하시는군요. 맞나요? **(복
　　　　합반영, 질문)**

내담자: 상사가 말하기를 제가 근신 중이라고 합니다. 초과 근무, 보너스도
　　　　없고 아무것도 없어요.

임상가: 이 사건으로 더 이상 초과 근무를 할 수 없다고 상사가 말했군요. 그
　　　　것에 대해서 어떤 마음이 드세요? **(단순반영, 질문)**

E.4.e.5 반영으로 보이는 구조화 진술

때로 임상가가 질문을 하였는데, 질문 전에 그 질문 내용에 대
해서 내담자가 단서를 가지도록 만들어진 정보를 제공할 수 있다.
본질적으로 "○○ 님이 말한 다른 사항을 기억하시나요? 이제 그
것에 대해 제가 질문을 드리고 싶습니다."와 같이 말하는 것일 수
있다. 질문을 하기 전에 나타나는 이러한 구조화 진술(structuring
statements) 유형들은 별도의 반영으로 코딩해서는 안 된다. 대신

질문에 대한 맥락을 제공하기 위한 구조화 진술로 고려해야 하기 때문에 코딩하지 않아야 한다. 이러한 기준의 의도는 주제에 대해 임상가가 내담자에게 단순히 단서를 주는 경우에 그것을 반영으로 인정해 주는 것을 피하기 위해서이다.

임상가가 "설정하기(set up)" 진술과 질문 사이에 명확한 구별을 하거나 쉬는 경우라면, 반영을 별도로 코딩할 수 있다. 이 경우에, 질문을 하기 전에 내담자가 어떤 식으로든 반응할 수 있는 기회를 가져야 한다.

> 임상가: 네가 사탕을 훔쳤던 가게로 되돌아가지 않았다고 말하고 있구나. 네
> 가 그것을 회피하고 있다고 느끼는 거니? (**질문**)
> 또는
> 임상가: 네가 사탕을 훔쳤던 가게로 돌아가지 않았구나. (**단순반영**)
> 내담자: 맞아요.
> 임상가: 네가 그것을 회피하고 있다고 느끼는 거니? (**질문**)

코더가 보기에 반영의 목적이 질문을 하기 위한 토대 혹은 단서를 제공하기 위해서로 본다면 그 내용은 코딩하지 말아야 한다.

E.4.f. 동기면담 일치 행동

종종 훌륭한 동기면담 적용 예들이 동기면담 일치(MIA) 코드를 얻지 못한다는 것을 아는 것이 중요하다. 초보 코더(그리고 동기면담 훈련가)들이 하는 흔한 실수는 훌륭한 동기면담 적용의 예를 들어서 MIA 부호 중 하나로 맞추려고 노력하는 것이다. 여기에서는

가능한 MIA 코드만을 코딩해야 하고, 코드의 명확한 예로 들지는 경우에만 코딩한다. 해당 코드가 명확하지 않고 의심이 되거나 해당 코드에 맞추려고 하는 데 너무 진을 뺀다고 하면 다른 코드로 코딩한다. 행동점수(behavior count)로 쉽게 포착되지 않는 훌륭한 동기면담 적용의 요소들에 대해서는 총점(global rating)에 반영하는 것이 도움이 될 수 있다는 점을 기억해야 한다.[3]

E.4.f.1 한 문장이 MIA 하나 이상에 해당하는 경우는 어떻게 하나요?

대부분의 경우 코더는 확신을 가지고 MIA 코드를 코딩할 수 있을 것이다. 때로 코더는 한 문장에서 하나 이상의 MIA 코드를 보게 될 때가 있다. 다른 모든 MITI 코드와 같이 MIA 코드가 확실하지 않은 경우에 결정 기준을 활용해서 해결한다. 이것을 트럼프[4] 규칙(trump rule; 1580년대 유래됨)이라고 하는데, 어떤 코드가 먼저 적용될 수 있는지 말해 줄 수 있기 때문이다.

MIA의 경우 다음의 위계(hierarchy)는 어떤 코드를 코딩해야 하는지 결정하는 데 사용할 수 있다([그림 1] 참조). 불분명할 경우 낮은 수준의 코드로 코딩해야 한다. 예를 들어, 자율성 강조하기(emphasize autonomy)와 협동구하기 중 확실하지 않을 때는 협동구하기 코드로 코딩해야 한다. 위계 피라미드에서 낮은 코드는 **코더가 확실하지 않을 때 코딩한다.** 위계 피라미드에 최상의 코드를 코

---

3) MITI 이전 버전과 달리, 동기면담 일치(MIA)의 각 하위 유형은 별도로 코딩되고 숫자를 매기게 되어 있다.

4) trump는 동사로 '~을 넘어서다' 혹은 '이기다'라는 뜻이며, 명사로 쓰일 때는 '다른 카드를 넘어섬을 나타내는 카드'를 뜻한다.

딩하기 위해서는 코더가 해당 코드의 적절한 예라는 확신이 있을 때 코딩해야 한다. 확신하기 어려운 경우에 코더는 낮은 코드로 코딩을 해야 한다. 이 트럼핑 피라미드의 의도는 코더들을 동기면담에서 높은 중요성을 가진 코드를 너무 쉽게 코딩하지 않게 하기 위함이다. 예를 들어, 인정하기(affirmations)가 상대적으로 덜 중요한 반면, 자율성 강조하기(emphasize autonomy)는 코드 부여 받기가 더 어렵고, 이론적 관심도 더 크다. 따라서 의도적으로 자율성 강조하기 코드를 가장 높게 위계로 설정하였다.

[그림 1] MIA 코드의 결정 기준

E.4.f.1.a. MIA인지 다른 코드(질문 또는 반영)인지 잘 모르겠는 경우 어떻게 하나요?

MIA인지 다른 코드인지 잘 모를 경우 MIA 코드로 코딩하지 말아야 한다. 따라서 하나의 진술은 MIA 또는 다른 코드로 코딩되어질 수 있지만 MIA 코드는 해당 코드에 명확하게 부합할 때만 코딩되어야 한다. 확실하지 않으면 코더는 다른 코드를 선택해야 한다.

E.4.f.2. 인정하기

인정하기(AF)는 내담자에 대한 긍정적인 면을 강조하는 임상가의 말로서 내담자의 강점, 장점, 노력, 의도, 가치에 대한 것이어야 한다. 진정성 있는 태도로 한 말이어야 하고, 내담자에 대한 진솔함이 반영되어야 한다. 인정하기는 변화목표에 초점을 맞출 필요는 없고 내담자의 특정한 특성, 행동, 성취, 기술, 강점에 대해 상을 주는 것과 같다. 인정하기는 종종 복합반영일 수 있으며, 이러한 경우라면 인정하기로 코딩하는 것을 더 선호해야 한다.

인정하기는 임상가가 내담자의 말에 동의하거나, 승인하거나, 치어리딩(cheerleading)하거나, 불특정 칭찬을 하는 경우에 자동적으로 코딩해서는 안된다. 인정하기는 현저하게 내담자의 행동이나 특성과 연관되어야 한다. 그 문장은 진정성이 있어야 하고 단순히 촉진을 위한 것이어서는 안 된다.[5]

코더는 임상가의 진술이 인정하기로 코딩 할 정도로 충분히 구체적이지도 않고 강력하지도 않을 경우 코딩하지 않는다.

> "음주를 줄이기 위한 방법에 대해 ○○ 님은 많은 좋은 아이디어를 떠올리셨군요. 오늘 브레인스토밍을 잘하셨습니다." **(인정하기)**

> "좋은 부모가 된다는 것이 ○○ 님에게 중요하군요. 마치 부모님이 ○○ 님에게 그런 것처럼요." **(인정하기)**

---

5) 인정하기(affirm)의 이러한 정의는 『동기면담』 3판(Miller & Rollnick, 2013)과 MITI 이전 버전에서 사용된 것들보다 더 엄격하다. 특히 지지하는 진술(support statements; "처음 시작할 때는 항상 힘들지요.")은 MITI에서 더 이상 코딩하지 않는다.

"○○ 님이 정말 자랑스럽습니다." **(구체적이지 않아 코딩하지 않음)**

"공휴일 동안 단 음식들을 피할 수 있으셨군요. 그렇게 하신 것이 스스로 자랑스러우시군요. 성과가 있으셨네요!" **(인정하기, 트럼프 규칙을 적용한 반영하기)**

"책임감을 진지하게 여기는 분이시군요. 올바른 일을 하길 원하시고요." **(인정하기)**

"주차 문제가 있고 비가 이렇게 쏟아지는데 여기까지 오시기 쉽지 않으셨겠습니다. 여기 와 주셔서 감사합니다." **(인정하기)**

"금연이 정말 어렵다는 걸 제가 알고 있습니다." **(지지하기, 코딩하지 않음)**

"잘하셨습니다." **(코딩하지 않음)**

"그렇게 하셔야지요!" **(코딩하지 않음)**

"좋은 부모가 되려고 정말 노력해 오셨네요. 상황이 어려워질 때도 그것에 기꺼이 머물러 있으려는 점이 저에게 매우 인상적이었습니다." **(인정하기)**

"체중 감량에 이전에 성공한 것에 대해 이야기하신 것을 보면, 준비가 될 때 다시 성공하실 것으로 확신합니다." **(인정하기)**

"패스트푸드 때문에 매우 좌절감을 느끼고 있군요. 지난 2주 동안 드라이브 스루로 주문을 하지 않으려고 하셨고요. 그동안 두 번 가셨다 하더라도, 매일 가는 것

보다는 덜 가시는 것이 제겐 놀랍습니다. 그건 큰 변화인 것 같네요!" **(인정하기)**

E.4.f.2.a. 인정하기의 삼진 아웃 기준

임상가는 대화에서 여러 번 반복적으로 인정하기를 과다 사용할 수 있다. 일반적으로 코더가 명확하게 인정하기로 확신을 하면 처음 두세 번은 인정하기로 코딩할 수 있는데, 그 다음에는 일반적으로 코딩하지 않는다.

E.4.f.3. 협동구하기

임상가가 내담자와 힘을 공유하려고 현저히 시도하거나 내담자의 전문성을 인정할 때 코딩한다. 면담회기의 과업, 목표, 방향과 관련하여 내담자와 합의를 진정으로 구하려고 할 때 코딩할 수 있다. 협동구하기는 제공한 정보에 대해 내담자가 어떻게 생각하는지 물을 때 코딩될 수 있다. 정보나 조언을 주기 위한 허락을 구할 때 협동구하기가 일반적으로 코딩된다.

특정 주제에 대해 내담자가 지식을 가지고 있는지, 이해하였는지 묻는 경우는 질문하기로 코딩한다. 협동구하기로 고려하지 않는다.

"대장암의 위험성을 어떻게 줄이는지에 대한 몇 가지 정보를 가지고 있는데 이것을 ○○ 님과 이야기할 수 있을지 궁금합니다." **(협동구하기)**

"임신 중의 음주에 대해 어떤 이야기를 들어 오셨나요?" **(질문하기)**

"임신 중에 알코올 소비 표준량에 대해 함께 이야기해도 괜찮을까요?" **(협동구하기)**

"이것이 ○○ 님에게는 맞지 않을 수도 있지만, 저의 내담자 중에 몇몇은 손목시계에 알람을 설정하여 점심식사 후 2시간 뒤에 혈당 체크를 하는 것을 기억하는 데 좋았다고 합니다." **(협동구하기, 허락하에 설득하기 고려)**

"이것을 제가 어떻게 도와드릴 수 있을까요?" **(협동구하기)**

"흡연에 대해서 말할 수 있을까요? 여기에 그 이야기를 하려고 온 것이 아닌 줄 압니다." **(협동구하기)**

"○○ 님의 검사 결과입니다. 함께 검토하고 싶으신가요?" **(협동구하기)**

E.4.f.3.a 이끌어내기-제공하기-이끌어내기 대화는 협동구하기의 예가 될 수도 있고, 되지 않을 수도 있다. 각각의 항목을 나누어서 부호화하는 것이 일반적이다.

협동구하기를 하지 않은 이끌어내기-제공하기-이끌어내기(E-P-E)

임상가: 임신 중의 음주에 대해 어떤 점을 알고 계신가요? **(질문)**

내담자: 마시지 않는 것이 더 좋다는 걸 알고 있어요.

임상가: 맞습니다. 임신 중에는 술을 마시지 않도록 권하고 있습니다. **(정보 제공하기)**

협동구하기를 한 이끌어내기-제공하기-이끌어내기(E-P-E)

임상가: 임신 중의 음주에 대해 어떤 점을 알고 계신가요? **(질문)**

내담자: 마시지 않는 것이 더 좋다는 걸 알고 있어요.

임상가: 이 정보에 대해 어떻게 생각하세요? ○○ 님이 술 마시는 것과 어떤 관련이 있을까요? **(협동구하기)**

이와 대조적인 예는 다음과 같다.

임상가: 금연을 할 수 있는 방법들에 대해 무엇을 알고 계신가요? **(질문)**

내담자: 패치가 가장 효과적이라는 걸 알고 있습니다. 패치는 얼마나 오랫동안 해야 하나요? 1~2주 사용하면 되나요?

임상가: 패치는 금연을 하는 한 가지 방법입니다. 효과적인 방법이고요. 4개월에서 6개월간 사용하는 것이 일반적입니다. **(정보제공하기)**

E.4.f.4. 자율성 강조하기

자율성 강조하기(emphasize)는 변화에 대한 결정 또는 행동에 대한 내담자의 책임성에 명확하게 초점을 맞춘 표현들이다. 내담자의 통제감, 선택의 자유, 개인적 자율성, 태도와 행동에 대한 결정을 할 수 있는 능력이나 의무를 강조한다. 특정 행동 수행에 대한 내담자의 자기효능감, 자신감, 능력을 강조하는 진술은 자율성 강조하기로 코딩하지 않는다.

"네, 맞습니다. 누구도 ○○ 님이 금주하도록 강요할 수는 없습니다." **(자율성 강조하기)**

"여기에서 자신을 가장 잘 아시는 사람은 ○○ 님입니다. 이 치료 계획에 무엇이 들어가야 한다고 생각하시나요?" **(자율성 강조하기)**

"몇 개의 과일과 야채를 먹을 것인지는 ○○ 님에게 달려 있습니다." **(자율성 강조하기)**

"이것은 정말로 ○○ 님의 인생이자 길입니다. 어느 방향으로 갈 것인지 결정하는 것은 오로지 ○○ 님입니다. 여기서부터 어디로 가고 싶으신가요?" **(자율성 강조하기)**

"○○ 님은 어려운 지점에 와 있습니다. 수감되어 있는 것이 ○○ 님의 삶에 통제감이 없는 것처럼 느끼고 계십니다. ○○ 님이 참여하기로 결정을 하면, 어느 정도 통제감을 회복할 수 있는 치료 프로그램에 참여하는 것을 고려하도록 요청되었습니다. 이 시점에서 무엇을 선택할지 확실하지 않으신 거군요." **(자율성 강조하기)**

"이것은 ○○ 님이 보시기에 기회이자 도전이군요. 대안들을 견주어 보고 무엇이 최상의 것인지를 판단하려고 하시는군요." **(자율성 강조하기)**

금주

내담자: 영원히 금주할 수 있다고 확신합니다.

임상가: 이전에 그런 적이 있어서 금주에 자신감이 있으시군요. **(반영하기, 변화대화 일구기)**

임상가: ○○ 님이 선택이 있으며 어느 방향으로 가길 원하는지에 대해 상

당히 확신이 있으시군요. **(자율성 강조하기)**

임상가: 어느 방향으로 가고 싶은지 상당히 확신이 있으시군요. **(반영하기, 변화대화 일구기)**

임상가: ○○ 님은 금주할 준비가 되어 있으시군요. **(반영하기, 변화대화 일구기)**

혈당 체크하기

내담자: 매일 혈당을 체크할 준비가 되어 있지 않지만 일주일에 한 번은 할 수 있겠어요.

임상가: 궁극적으로 얼마나 자주 혈당 체크를 할지는 ○○ 님께 달려 있습니다. **(자율성 강조하기)**

임상가: ○○ 님이 고려하는 한 가지 변화는 주별로 혈당 체크를 하는 거군요. **(단순반영, 변화대화 일구기)**

임상가: 매일 검사하는 것이 매우 어려우시군요. **(복합반영, 유지대화 완화하기)**

HIV 검사

내담자: 지난주에 집에서 하는 검사에 대해 간호사와 이야기했어요. 약국에서 감사 도구를 사서 바로 결과를 알아볼 수 있다고 하더군요.

임상가: 필요한 답을 얻기 위해 이해 행동을 하셨군요. **(반영하기, 변화대화 일구기)**

임상가: 이제 최상의 선택이 무엇인가에 대해서 ○○ 님이 결정해야 합니다. **(자율성 강조하기)**

임상가: 결과를 알아내는 방법에 대해 두 가지 마음을 가지고 계시는군요.

(복합반영)

임상가: 가정에서 하는 검사 도구에 대해서 몇 가지 정보가 있습니다. 함께

　　　　이야기할 수 있을지 궁금합니다. **(협동구하기)**

임상가: 와우! 그것을 목표로 삼으셨군요. **(인정하기)**

임상가: 해야 할 것을 하셨군요. **(인정하기)**

E.4.g. 동기면담 불일치 행동

동기면담 불일치 코드(MINA)는 두 가지만 있으며, 설득하기
(persuade)와 직면하기(confront)다.

E.4.g.1. 설득하기

'E.4.b. 설득'을 참조하라.

E.4.g.2. 직면하기

이 코드는 임상가가 직접적으로 애매모호하지 않게 반대하거나
논쟁하고, 교정하고, 수치심을 주거나, 비난하고, 비평하고, 명명하
고, 경고하거나, 도덕화하거나, 조롱하거나, 내담자의 정직성에 의
문을 던지거나 함으로써 내담자를 직면할 때 사용된다. 이러한 대
화들은 힘의 불균형의 특성을 가지며 비승인(disapproval)이나 부정
(negativity)이 동반된다. 임상가가 질문과 반영을 사용하였더라도
어조가 명확히 직면적이면 직면하기로 코딩해야 한다.

내담자가 이미 알고 있거나 또는 개방을 했던 부정적인 정보를
재진술하는 것이 직면이 될 수도, 반영이 될 수도 있다. 대부분이
직면은 어조나 맥락을 주의 깊게 들으면 정확하게 구분된다.

　　결정 기준 : 코더가 직면하기, 반영하기 둘 중에 어느 코드로 코딩할지 확실하지 않은 비교적 이례적인 상황에서는 코딩하지 않아야 한다.

"안타부스를 사용하면서 술을 마셨다는 건가요?" **(직면하기)**

"이것이 사랑하는 사람들을 대하는 태도라고 생각하시나요?" **(직면하기)**

"네. ○○ 님은 알코올 중독입니다. 그렇게 생각하지 않을지 몰라도 ○○ 님은 그렇습니다." **(직면하기)**

"잠깐만요. ○○ 님의 당화혈색소 수치가 12%입니다. ○○ 님은 탄수화물을 조절을 잘하고 있다고 말하지만 유감스럽게도 이 정도로 높다는 것은 관리를 잘하고 있을 리가 없습니다." **(직면하기)**

"울고 있는 ○○ 님의 자녀들을 생각하세요." **(직면하기)**

"○○ 님의 음주에 대해 어떻든 관심이 없다는 겁니까?" **(직면하기, 트럼프 규칙으로 인해 질문하기로 코딩하지 않음)**

"○○ 님처럼 많이 마시는 대부분의 사람은 다시는 정상적으로 술을 마실 수 없게 됩니다." **(직면하기)**

"적당하게 마시려는 ○○ 님 계획이 걱정 됩니다. 그것에 대해 ○○ 님과 이야기

할 수 있을 지 궁금합니다." **(협동구하기)**

"처벌로 아이를 훈육하는 것은 다른 문제를 가져옵니다. 처음엔 괜찮아 보이지만 또 문제가 발생합니다." **(직면하기)**

"콜레스테롤 수준이 ○○ 님의 삶의 위협이 된다고 말한 걸 기억하세요. 식단을 조절하지 못하면 뇌졸중이나 심장마비의 위험성을 가지는 겁니다." **(직면하기)**

"부모가 가까이서 지도하지 않은 아이들은 약물남용의 위험성이 더 높아집니다. 이와 관련해서 ○○ 님의 양육 기술에 대해 어떻게 생각하시는 지 궁금합니다. **(아마도 직면하기, 어조에 귀를 기울일 것)**

"계속 음주를 하신다면. ○○ 님을 도와드릴 수 있는 게 전혀 없습니다." **(아마도 직면하기, 어조에 귀를 기울일 것)**

임상가가 내담자의 강점, 장점, 긍정적 성취 등을 강조하기 위해 직면하기를 사용할 때는 인정하기로 코딩해야 한다. 임상가가 명확히 내담자를 인정하거나 지지하려고 시도하는 경우라면 직면하기는 아니다.

최악의 엄마

내담자: 저는 최악의 엄마예요.

임상가: 아니에요, 아니십니다. ○○ 님은 어려운 점이 있었지만 훌륭한 엄마입니다. **(인정하기)**

콜레스테롤 개선

내담자: 이번 달에 많이 좋아졌어요. 과일과 야채를 매일 최소 세 번 먹었거든요.

임상가: 네, 하지만 콜레스테롤 수치가 여전히 매우 높습니다. **(직면하기)**

임상가: 식습관을 정말 많이 개선하셨네요. 장기적인 건강 목표와 관련하여 그것에 대해 어떻게 생각하세요? **(인정하기, 협동구하기)**

E.4.g.3. MINA 결정 기준

설득하기와 직면하기는 때로 중복될 수 있고 하나 이상으로 분류될 수 있다. 이럴 때는 [그림 2]의 위계를 사용해야 한다.

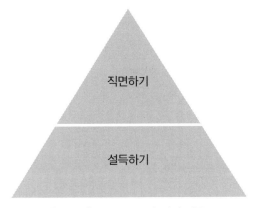

[그림 2] MINA 코드의 결정 기준

F. MITI에서 부호화 하지 않는 문장들

MITI는 철저한 코딩 시스템은 아니다. 왜냐하면 어떤 문장에는 행동코드를 부여하지 않을 수도 있기 때문이다.

예

구조화 진술: "이제 지난주에 작성한 설문지에 대해 이야기 나눠보겠습니다."

인사: "안녕하세요. 오늘 와 주셔서 감사합니다."

촉진적 진술: "좋아요. 잘하셨어요."

지난 회기 내용 언급: "지난주 정말 피곤하셨다고 하셨는데요."

불완전한 생각/토막난 말: "말씀하기로는⋯⋯"(내담자가 끼어듦)

주제와 관련 없는 말: "여긴 좀 춥네요."

G. 코딩 면담 샘플의 대화 길이와 유형

녹음 사례의 길이는 20분을 코딩할 수 있도록 MITI가 개발되었다. 20분 이상의 길이의 전체 면담회기를 다 코딩이 할 수도 있다. 하지만 녹음 사례의 길이가 길어지게 되면 ① 코더들이 집중력을 유지하기도 어렵고, ② 자료가 점점 많아져 총점을 내기가 힘들며, ③ 바쁜 현장에서 길게 녹음할 수 없는 현실적 어려움이 있을 수도 있다.

비디오 녹화보다는 대부분 녹음을 하고, 비디오 녹화 샘플로도 MITI 코딩을 할 수 있지만 시각적인 정보를 수집으로 대체해서는 안 된다.

H. 요약 점수

동기면담의 핵심 지표는 빈도수로 완벽하게 포착되기가 어렵기 때문에 개별 점수 자체보다는 코드의 빈도로 계산된 요약 점수가 더 잘 반영한다는 것을 발견했다. 예를 들어, 반영 대 질문 비율은 중요한 동기면담 과정을 간결하게 측정한다. 다음 계산식은 동기면담의 능력을 결정하기 위한 성과측정 도구로 사용될 수 있다.

- 기술 총점(Technical)　　　　= (변화대화 일구기 + 유지대화 완화하기) / 2
- 관계 총점(Relational)　　　　= (파트너십 + 공감) / 2
- 복합반영 비율(% CR)　　　　= 복합반영 / (단순반영 + 복합반영)
- 반영 대 질문 비율(R:Q)　　　= 전체 반영 수 / 전체 질문 수
- 총 동기면담 일치(MIA)　　　= 협동구하기 + 인정하기 + 자율성 강조하기
- 총 동기면담 불일치(MINA)　= 직면하기 + 설득하기

이 계산식은 MITI 이전 버전들과 다르다.

I. 임상가의 역량 및 숙련도 기준치

임상가의 역량과 숙련도 기준치는 다음과 같이 제안되었다. 이러한 기준치는 전문가 의견에 기초하여 나온 것이지, 타당도는 현재 부족하다는 것을 주의해야 한다. 타당도가 확보된 기준치를 나오기 전까지는 다음의 기준치를 임상가의 동기면담 능력과 숙련도

를 평가하는 다른 평가 자료와 함께 활용되어야 한다.

구 분	적절함 (Fair)	훌륭함 (Good)
관계 총점	3.5	4
기술 총점	3	4
복합반영 비율	40%	50%
반영 대 질문 비율	1:1	2:1
총 동기면담 일치	–	–
총 동기면담 불일치	–	–

MITI 코드 목록

총점

변화대화 일구기   (Cultivate)

유지대화 완화하기   (Sidestep)

파트너십   (Partner)

공감   (Empathy)

행동점수

정보제공하기   (GI)

설득하기   (Persuasion)

허락하에 설득하기   (Persuasion with)

질문   (Q)

단순반영   (SR)

복합반영   (CR)

인정하기   (AF)

협동구하기   (Seek)

자율성 강조하기   (Emphasize)

직면하기   (Confront)

부록 A: 당신의 상담 개입에 MITI가 적절한지에 대한 질문

　동기면담은 어떤 특정한 변화목표에 관련되지 않은 보다 폭넓은 삶의 변화와 상황에 종종 활용될 수 있다. 하지만 MITI는 이러한 경우의 상담 개입에 대해서는 가치 면에서 제한할 될 수 있다. 좀 더 추상적인 변화에 대해서는 코더가 내담자의 변화대화를 신뢰도 있게 평가하는 데 어려워질 수 있으며, 더 중요한 것은 변화대화를 적절하게 유발하고 반응하고 있는지가 가늠하기 어려워질 수 있다.

　동기면담의 유발적 요인이 중요한데, 이것이 없다면 동기면담을 적용하는 능력을 평가하는 도구를 사용하는 데는 빈약해질 수 있다. 수많은 중요한 영역에서 낮은 점수를 얻을 수도 있는데, 임상가는 어느 특정 방향으로의 내담자 언어에 영향을 주지 않기로 선택을 하기 때문일 수도 있다. 이와 유사하게 임상가가 관계형성하기나 초점맞추기 과정에 주로 초점을 맞추는 경우 동기면담의 유발적 요소가 부재하기 때문에 MITI에서는 낮은 점수를 받을 수 있다. 동기면담 기술이 전체적으로 면담에서 사용되는 경우 MITI가 가장 적절하게 적용된다.

　MITI는 다음과 같은 상황에서 가치가 제한된다.

- 변화목표가 하나의 행동으로 특정될 수 없는 경우 (예: 의사결정)
- 임상가가 내담자로 하여금 특정한 목표로 가도록 영향을 주고 싶지 않은 경우 (예: 평형상태)
- 임상가가 의도적으로 관계형성하기나 초점맞추기만을 사용하는 경우

J.1 만약 변화목표가 하나 이상이라면 어떻게 될까요?

때로 개입이 하나 이상의 변화목표를 가지는 경우가 있다. 예를 들어, ① 약물 복용 준수와 ② 적절한 주거지 찾기가 있다. 이 두 가지 변화목표가 내면적 사건이라기보다 내담자를 행동하게 만든다면 MITI는 적용될 수 있다.

J.2. MITI 코딩을 하기 부적절한 변화목표의 예들

J.2.a. 의사결정하기: 명확한 변화대화 없는 변화목표

만일 목표가 "의사결정하기(making a decision)"라고 한다면 변화대화의 내용은 딜레마의 한쪽 면이 되지 않을 것이다(바람직한 변화가 구체적으로 명시되어 있는 경우처럼). 하지만 언어 표현이 결정 자체에 대한 것이 될 것이다. 예를 들어, 변화목표가 금연이라면, 다음과 같은 변화대화가 가능하다.

"금연을 해야 할 필요가 있어요."

"만약 금연하지 않으면 암에 걸릴 거예요."

"돈을 더 많이 모았을 거예요."

"자녀들에게 좋은 모델이 되고 싶어요."

만약 변화목표가 "흡연에 대해 결정하기(making a decision about smoking)"라면, 이런 진술들은 변화대화가 아니다. 대신 다음과 같은 말들이 변화대화가 될 수 있다.

"결정할 필요가 있어요."

"결정하지 않는다면, 계속 이런 상태가 될 거예요."

"이것을 처리한다면 상당한 안도가 될 거예요."

"이러지도 저러지도 못하는 건 싫습니다."

의사결정하기에 대해 변화대화를 코딩하는 것이 이론적으로 가능할 수 있지만, 복잡한 과제이기 때문에 심리측정학적으로 평가해 본 적이 없으며, 따라서 저자들은 MITI 4.0에 포함하지 않기로 결정했다.

J.2.b. 좀 더 나은 사람이 되는 것: 변화목표가 행동이 아닌 경우

비행동적 목표가 변화목표라면 변화대화를 정의하는 것이 어려울 수 있다. 만약 내담자의 목표가 '좀 더 나은 사람이 되는 것'이라고 한다면 다음과 같은 말들을 변화대화로 인정할 수 있는가?

"저는 좀 더 자유롭게 화를 표현할 필요가 있어요."

"친구들이 좀 더 많아지기를 원한다면 나 자신보다는 다른 사람들의 바람들에 대해 생각할 필요가 있어요."

"좀 더 자주 운동하고 적게 먹고 싶어요"

"아무런 죄책감을 느끼지 않고 이제 그것을 할 수 있어요!"

"차크라[6]를 더 잘 정렬시킬 거예요."

---

6) 역자 주: chakra, 차크라 명상, 신체의 기가 모이는 부위.

이 예들을 각각 보면, 변화대화인지 아니면 다른 어떤 것인지는 판단하는 데는 전적으로 임상적 맥락(그리고 임상가의 마음)에 따라 달라진다. 예를 들어, 운동을 좀 더 많이 하고 덜 먹는 것이 목표인 경우 BMI 25가 넘는 사람에게는 잘 맞다. 신경성 식욕부진(anorexia nervosa)의 내담자에게는 맞지 않는 것이다. 또는 좀 더 나은 사람이 되기 목표에는 그 어느 것도 맞지 않을 수 있다. 여기에서의 핵심은 그런 상황에서 코더가 신뢰성 있게 변화대화를 식별할 수 없다는 것이다. 따라서 코더 간 신뢰도가 잘 나오지 않을 수 있다. 이런 이유에서 MITI 4.0(이전 버전과 마찬가지로)에서는 목표행동이란 것을 규정한 바 있다.

J.3. 만일 면담에서 관계형성하기와 초점맞추기 영역만을 평가하고자 하는 경우는 어떨까요?

면담이 변화를 유발하려는 목표를 가지고 있지 않은 경우라도 MITI의 몇 개의 하위 척도는 임상가의 기본적 상담기술을 평가하는 데 여전히 사용될 수 있다. 파트너십과 공감 총점과 더불어 질문하기, 반영하기, MIA, MINA 등의 행동점수는 면담에서 비지시적 접근(nondirective approaches)에 대한 유용한 정보를 모두 다 제공해 줄 것이다. 이것은 적절한 참고 자료로 사용될 수 있고 채택될 수 있다.

부록 B: 자주 하는 질문들 (FAQ)

1. 면담회기의 길이가 20분보다 짧은 경우 어떻게 할까요?

10분보다 짧다면 총점을 측정하기는 더 어려워진다. 2~5분 정도로 극히 짧은 회기에 대해서는 행동점수만 평가하는 것이 최선일 수 있다.

2. MITI 4.0에서 동기면담 정신을 어떤 식으로 포착할 수 있나요?

동기면담 정신은 MITI 4.0에서 더 이상 측정하지 않는다. 하지만 파트너십과 내담자의 변화 이유 유발하기와 같은 동기면담 정신의 중요한 영역들은 여전히 MITI 4.0에서 측정한다.

3. MIA와 MINA의 요약점수의 비율은 어떻게 되었나요?

MITI 이전 버전에서는 MIA 및 MINA 행동 비율을 계산했었다[MIA비율 = MIA/(MIA+MINA), MINA비율 = MINA/(MIA + MINA)]. 이러한 비율들은 특별히 유익한 정보를 제공하지는 못했는데, 특히 MIA 또는 MINA 행동이 없는 면담회기에서 그러했다. MIA 및 MINA 행동 비율은 오해의 소지가 있고 충분한 정보를 제공하지도 못하기 때문에 MITI 4.0에서는 생략하였다.

4. MITI 4.0의 기준치는 무엇인가요?

MITI 4.0의 기준 점수는 이전 버전들처럼 직설적이지 않다. 왜냐하면 저자들의 동기면담 적용에 대한 이해가 과거보다 더 복잡해졌기 때문이다. 따라서 어느 것이 수용 가능한 것인지를 결정하는 것이 도전과제가 될 수 있다. 더 나아가 대부분의 평가가 새로운 버전에서 수정되었는데, 그것이 의미하는 바는 이전 버전과 비교하기 어렵다. 마지막으로 많은 평가에 대해 추천할 만한 경험적 자료가 부족하다. 하지만 머지않아 그 자료들이 나올 거라 기대한다.

몇 가지 주목할 사항:

MITI 4.0에서는 관계 요인의 기준치가 기술 요인보다 더 높다. 이것이 의미하는 것은 관계형성하기를 하는 관계들이 유발하는 기술 요인들을 위한 토대로서 동기면담이 강조하고 있는 현재의 이론적 틀을 반영하는 것이 된다.

저자들이 결론을 내리는 것은 복합반영의 기준치를 유지하는 데 충분한 경험적 근거가 있다는 것이며 특히 반영 대 질문 비율이 그러하기 때문에 그대로 유지하기로 했다.

MIA, MINA의 기준치는 의도적으로 구체적인 설명 없이 그대로 두었다. 왜냐하면 기준치를 알려 줄 만한 기준치가 없기 때문이다. 우리가 도모하고자 하는 것은 치료 충실도(treatment fidelity)를 기록하는 데 사용될 수 있는 임상연구에서는 MITI 4.0 점수를 모두 다 기록하기를 바란다. 임상적인 성과와 연결되는 경우 이렇게 하면 상당히 짧은 시간에 MIA, MINA 기준치에 대해 자신 있게 이야기할 수 있게 될 것이다.

5. 허락이 진정성이 없어 보이고, 정보가 설득하기에 가깝게 보이는 경우, 허락하에 설득하기는 기술적으로 어떻게 평가해야 하나요?

총점, 특히 파트너십 점수를 임상가가 정보제공하기, 허락구하기, 제언이나 의견 제공하기를 어떻게 했느냐에 따라 영향을 받을 수 있다. 다음과 같은 상황들에서는 파트너십 점수를 낮추어 버릴 수 있다. 하지만 허락하에 설득하기 점수는 매길 수 있는 경우이다.

① 내담자가 매번 코멘트를 할 때마다 허락을 구하는 경우
② 허락을 구하는 어조가 형식적이거나 진실하지 않은 경우
③ 허락구하기를 하고 나서 내담자가 답을 할 시간을 충분히 주지 않는 경우
④ 허락구하기의 경계선을 너무 광범위하게 잡은 경우, 즉 음주에 대한 정보제공하기를 물은 후 정보를 주고 나서 그 밖의 생활습관이나 행동 문제에 대해 추가적으로 제공하는 경우
⑤ 일반적인 주제에 대해서 허락을 구하고 받은 다음에 너무나 많은 정보를 쏟아 붓는 경우 (또는 한참 동안 계속 정보를 제공하는 경우)

6. 유지대화가 면담회기 내에서 발생하지 않을 때 '유지대화 완화하기 척도'는 어떻게 점수화하나요?

저자들은 면담회기 내에서 왜 유지대화가 발생하지 않는지 알 수 없다. 내담자가 진정 그런 어떤 것도 제공할 게 없어서 그럴 수도 있고, 임상가가 유지대화를 이끌어 내지 않을 정도로 충분히 숙련되었기에 그럴 수도 있다.

유지대화 완화하기(Softening Sustain Talk: SST)의 높은 점수는 유지대화가 전혀 없는 경우에도 주어질 수 있다. 본질적으로 임상가는 유지대화가 나타나지 않을 때 '유리한 해석'을 취하는데, 이

는 가끔 이상하게 높은 SST 점수를 가져오기도 한다. 이것은 SST 에서 불확실성 요소이다. 유지대화가 빈번하지는 않지만 그것이 발생했을 때 임상가가 적절하지 않게 반응했다면 SST 점수는 낮게 평가되어야 한다.

7. 임상가가 공감을 전달하거나 파트너십을 형성하기 위하여 내담자의 유지대화를 반영하거나 관심을 기울인다면 어떻게 될까요? 예를 들면, '라운더'[7] 비디오에서 처음 12번의 반응이 유지대화를 인정하는 것으로 보이고, 그리고 나서 유지대화가 증가합니다. 이럴 경우 SST 점수를 낮은 평가해야 하나요?

　동기면담의 관계 요인과 기술 요인 간에 절충이 일어나는 사례는 자주 있다. 치료자가 협동적 관계를 구축하지 않은 상태에서 유지대화를 약화시키려는 시도는 종종 성공하지 못하게 된다. '라운더' 면담회기는 후반부에 협동관계가 구축하는 몇 가지 훌륭한 SST 사례를 보여 준다. 총점에서 반영되어야 할 것은 전체로서의 바로 그 회기이고, 코더는 점수를 부과할 때 내담자가 발하는 언어의 패턴과 모멘텀을 고려해야 한다.

8. 결정저울 활용 시 어떻게 SST를 점수화 하나요?

　진정한 결정저울(decisional balance)에서는 변화 등식의 양측이 똑같이 탐색된다. 유지대화를 완화하려고 노력하기보다는 그것을 충분히 끌어낸다. 이럴 경우, 이후 면담에서 SST 점수가 '끌어

---

7) 역자 주: rounder, 동기면담전문가 훈련 DVD 사례 중 하나.

올려지지' 않는다면 SST 점수를 낮게 평가해야 한다.

9. 협동구하기는 제공받은 정보에 대한 내담자의 생각을 물어보는 경우 코딩될 수 있나요? (예: 이끌어내기–제공하기–이끌어내기 형식 또는 평가 피드백)

임상가가 내담자와 협동하고 힘을 나누기 위하여 진정으로 노력하고 있다고 코더가 느낀다면 '협동구하기' 코드는 언제든지 부여될 수 있다. 코더가 그러한 노력을 못 느낀다면 '협동구하기' 코드는 보류되어야 한다. 예를 들어, 임상가가 힘을 나누어 가지려는 분명한 시도 없이 단지 내담자의 이해도를 시험하는 것을 보일 경우다. 내담자에게 수사적, 기계적이거나 피상적인 질문들("그것에 대해 어떻게 생각하시나요?")에는 협동구하기로 코딩하는 것은 필수적이지 않다. 코더는 결정할 수 없다면 협동구하기 코드 부여하지 않아야 한다.

MITI 코딩 & 피드백 기록지

코딩 샘플 번호		코더		평가일	
변화목표					

■ 총점 (Global Scores)

기술 요인	변화대화 일구기 Cultivating Change Talk	1	2	3	4	5
	유지대화 완화하기 Softening Sustain Talk	1	2	3	4	5
관계 요인	파트너십 Partnership	1	2	3	4	5
	공감 Empathy	1	2	3	4	5

■ 행동점수(Behavior Counts)

정보제공하기 Giving Information (GI)		
설득하기 Persuade (Persuade)		
허락하에 설득하기 Persuade with Permission (Persuade with)		
질문 Question (Q)		
단순반영 Simple Reflection (SR)		
복합반영 Complex Reflection (CR)		

인정하기 Affirm (AF)		
협동구하기 Seeking Collaboration (Seek)		
자율성 강조하기 Emphasizing Autonomy (Emphasize)		
직면하기 Confront (Confront)		

시작 시간/문장	
종료 시간/문장	

감수자 소개

조성희(Cho Sung Hee)
미국 미주리 주립대학교 교육 및 상담심리학 박사
현 백석대학교 상담학과 교수
　　동기면담 훈련가, MINT 회원

〈대표 저서〉
알기 쉬운 동기면담(공저, 학지사, 2016)

저자 소개

김희정(Kim Hee Jung)
이화여자대학교 대학원 간호학 박사
현 가천대학교 간호학과 교수
　　동기면담 훈련가, MINT 회원

〈대표 저서〉
동기면담 기반 변화를 돕는 의사소통 카드(공저, 와이즈박스, 2022)

강경화(Kang Kyong Hwa)
서울대학교 대학원 간호학 박사
정신건강간호사 1급, 정신전문간호사, 중독정신간호사
전 한국중독연구재단 선임연구원
현 청운대학교 간호학과 교수
　　한국정신간호학회 부편집위원장
　　한국트라우마스트레스학회 교육위원장
　　경기도 통합건강증진사업지원단 자문위원

케어코디네이터, 재활전문간호사, 정신건강 실무인력 등 MI 교육 및 교육
과정 자문
동기면담 훈련가, MINT 회원

〈대표 역서〉
동기면담과 인지행동치료: 치료효과 극대화를 위한 통합 전략(공역, 학지사,
2022)

강호엽(Kang Ho Yup)

대구대학교 일반대학원 사회복지학 박사
정신건강사회복지사 1급
전　한국동기면담협회 회장
현　동아보건대학교 사회복지상담과 교수
　　한국정신건강사회복지학회 정책분과학회장
　　한국사회복지상담학회 이사
　　생명문화학회 편집위원
　　한국정신건강사회복지사협회 대외협력홍보위원장
　　한국동기면담협회 대외협력위원장
　　동기면담 훈련가, MINT 회원

〈대표 저서〉
자살예방실천현장에서의 동기면담(공저, 학지사, 2017)

동기면담으로 만나는
공감과 의사소통
Empathy and Communication
Through Motivational Interviewing

2023년   6월 10일 1판 1쇄 인쇄
2023년   6월 15일 1판 1쇄 발행

감수자 • 조성희
지은이 • 김희정 · 강경화 · 강호엽
펴낸이 • 김진환
펴낸곳 • ㈜ **학지사**
　　　　　04031 서울특별시 마포구 양화로 15길 20 마인드월드빌딩
대표전화 • 02-330-5114　　팩스 • 02-324-2345
등록번호 • 제313-2006-000265호

홈페이지 • http://www.hakjisa.co.kr
페이스북 • https://www.facebook.com/hakjisabook

ISBN 978-89-997-2910-2 93180

정가 16,000원

출판미디어기업 **학지사**
간호보건의학출판 **학지사메디컬** www.hakjisamd.co.kr
심리검사연구소 **인싸이트** www.inpsyt.co.kr
학술논문서비스 **뉴논문** www.newnonmun.com
교육연수원 **카운피아** www.counpia.com